ME FEZ SENTIR

Guilherme Tonze Fernandes Oliveira
Organizador

MouraSA

Guilherme Tonze Fernandes Oliveira
(organizador)

ME FEZ SENTIR

MOURA SA
Curitiba – Brasil
2017

Editor-chefe: Railson Moura
Diagramação e Capa: Moura SA
Revisão: O Autor

DADOS INTERNACIONAIS DE CATALOGAÇÃO NA PUBLICAÇÃO (CIP)
CATALOGAÇÃO NA FONTE

T663

Tonze, Guilherme.
Me fez sentir / Guilherme Tonze Fernandes Oliveira (organizador). – Curitiba: CRV, 2017.
146 p

Bibliografia
ISBN: 978-85-444-1660-0
DOI: 10.24824/97885444166.0

1. Educação 2. Literatura 3 Literatura brasileira 4 Ficção brasileira I. Tonze, Guilherme. org. II. Título III. Série.

CDD B869

Índice para catálogo sistemático
1. Educação 370

2017
Foi feito o depósito legal conf. Lei 10.994 de 14/12/2004

Tel.: (41) 3039-6418 - E-mail: sac@editoracrv.com.br
Conheça os nossos lançamentos: **www.editoracrv.com.br**

SUMÁRIO

CAPÍTULO 1
A INFÂNCIA

Eu consigo me lembrar pequenino, mal caminhando pela casa de cômodos largos e pouca mobília. Andava em direção ao meu avô, o único adulto na casa naquele momento. Eu estava com fome e sabia que seria atendido de prontidão. Ele largava suas ocupações e se entretinha comigo, me chamava de 'menininho do vô'. Pouco depois chegavam meus pais, que entre abraços afetuosos faziam com que eu me sentisse amado. Fizeram de mim uma criança que cresceu com dignidade, de um lar humilde, mas completo de atenção. Lembro-me do sorriso de meu pai ao me ver caminhar, o que mais poderia pretender um filho, além desse olhar atento e protetor acompanhando os seus passos? Os dias se passavam e vovô fazia miniaturas de suas ferramentas para mim e, com chapeuzinho na cabeça e uma pequena enxada de carpir, eu reparava se não faltava nada do figurino dele para o meu. Então, saíamos para brincar, ou melhor, trabalhar, eu me divertia às pampas[1]. Mamãe e papai chegavam do trabalho e, às vezes, me pegavam com as roupas de ofício, tudo por ali acabava em divertimento.

Nessa fase me agradava ouvir vozes femininas, suaves aos meus ouvidos, tanto que quando comecei a entender palavras, me achava a criança mais linda do mundo, ouvia muito 'que bonitinho', 'menino lindo'. Quando fui entender que existiam crianças, iguais, mais ou menos bonitas na escola, pude assim comparar, mas não trouxe traumas. Descobri desde cedo a lidar com a realidade, é interessante porque é o que temos em mãos. Um emaranhado de emoções, silêncio e muitas sensações, as lembranças vêm aos poucos de maneira alternada.

Pinceladas tecem o consciente do que este homem é hoje e, às vezes, a solidão fazia-se notar. O que era imediatamente preenchido por uma paz confortadora, este sentimento se apresentava

---

1 A expressão 'às pampas' significa: muito satisfeito, ótimo.

na forma de uma companhia. Desde pequeno percebia que não estava sozinho, sem que me desse conta do que poderia ser ou, quem sabe, seria alguém, sim, responsável por aflorar em mim essas emoções. Fui amadurecendo essa ideia, trabalhando para conseguir tornar realidade esse frescor. Pensava que, um dia, encontraria a responsável por essa dádiva de uma vida completa. Muito novo ainda, mas sabedor de que faltava algo na minha vida e que a maturidade poderia trazer as respostas, decidi não acelerar o rio, ele possui suas corredeiras e esperei.

Sem atropelos, procurei ficar em contato com o que me aproximava deste estado de leveza, a minha mente conspirava a favor, fui fazendo descobertas. Conversar com Deus era maravilhoso, ouvir música, ler, estudar, eram pequenas, porém, grandiosas atividades que tinha a favor o viver em paz.

Incorporei isso gradativamente conforme ia entendendo a vida. Era pequeno e tive uma experiência singular quando fui levado a uma gruta de orações, onde visualizei um anjo. Ele se movimentava de maneira muito sútil, mostrava seus cabelinhos de criança e suas pequenas asinhas. Fiquei maravilhado, eu estava no caminho certo e era muito bom saber disso. Quantos momentos infelizes poderia ter evitado ao longo da vida se tivesse mantido a pureza daqueles dias.

Na década de 1960, quando eu tinha seis anos, fomos morar em outra cidade, surgiu uma oportunidade de emprego para papai. Ficamos felizes, apesar de deixarmos vovô, que sentiu, mas ele compreendeu que a mudança era necessária. A cidade grande era fascinante, muita gente nas ruas e eu agarrava o dedinho mindinho de mamãe para sairmos. E, assim que passássemos por uma pastelaria, os puxões eram inevitáveis, minha mãe sorria e ali fazíamos os nossos lanches. Eu adorava aquelas saídas ao centro. Estava chegando a hora de frequentar o colégio, então olhava as construções grandes, e pensava 'seria este o lugar em que vou estudar?'. Mas sentia saudades de vovô e dos amigos com quem brincava na rua.

A casa em que estávamos morando era um sobrado em uma rua que possuía árvores de troncos largos e robustos, outros sobrados preenchiam os espaços naquela alameda.

Em um dia de sol ameno chegou uma encomenda para nós, vinda do interior. Eram pacotes que continham livros, o rapaz perguntou pelo responsável – imaginei novidades vindas de lá, histórias que meus pais me contavam – logo chegou a ajudante de mamãe nas tarefas do lar e eu, feito homem adulto da casa, ajudei com os embrulhos. Enquanto passava com meu pacotinho pelo portão ouvi uma música suave, eram toques de piano. Fiquei paralisado entre a calçada e o quintal, que suave a música, aparentava ser de um aprendiz, mas a melodia era identificada ao som que emanava.

– Guilherme, traga o seu pacote! – Ouvi vindo de dentro da minha casa.

– Estou indo – respondi.

Fiquei mais alguns segundos, apreciando o som que vinha do sobrado da frente ao nosso. Momento harmônico aquele cenário, a casa era em tom bege de pintura nova, rodeada de roseiras, numa grama verdinha. A árvore que ficava em frente alojava sossegados passarinhos, que pareciam contemplar o som daquela cena. Antes da música terminar fechei o portão, entrei e fui me distanciando do som aos poucos, que mágico. Esta imagem ficou na minha mente.

Anoiteceu, aguardei com energia o momento de abrir as encomendas que haviam chegado. Jantamos na mesa, a conversa era sobre o dia dos adultos, fiquei calado. Pensava no som do piano que ouvira de manhã, de repente mamãe desviou do assunto que conversavam e falou dos vizinhos da frente. De imediato me interessei, continuei calado, ela disse se tratar de um casal com apenas uma filha muito bonitinha e a sua idade igualava com a minha. Ela havia trocado umas palavras com a vizinha quando se viram nos portões pela manhã. Continuei calado, mas fazia uma ideia de quem tocava o piano. Enfim acabamos de jantar e por momentos me lembrei do Natal, parecia ser a hora de abrir os presentes, só que desta vez o presente não era brinquedo.

– Guilherme, esse é seu – A voz de meu pai brincando, mas, com serenidade dizendo – Foi seu avô quem mandou para você.

Aquele tom indicava que era responsabilidade minha zelar por aquele livro e eu gostava daquela incumbência. O livro era grande, com desenhos coloridos e letras que aparentavam fácil leitura, eu não sabia ler, mas as figuras me conquistaram e, antes de dormir, alguém iria ler para mim. Subi as escadas correndo, coloquei a roupa de dormir, folhei o livro querendo adivinhar o que as palavras diziam, e peguei no sono, a história ficaria para outro dia.

Amanheceu com jeito de chuva, estava próximo o meu primeiro dia de aula. Imaginei o que fazia a turma quando chovia, logo dispersei os pensamentos, levantei e me preparei para o café. Da cozinha vinha o cheiro gostoso, era o horário que eu mais gostava do dia, meus pensamentos não estavam impregnados, eram ligeiros. Papai já havia saído, a ajudante viria mais tarde e, provavelmente, se chovesse demoraria mais, ela morava longe do nosso bairro. Na casa só estava mamãe e eu e, logo que cheguei na cozinha, ela comentou que peguei no sono abraçado com o livro. Sorri, mas renovei o pedido para que ela ou papai pudessem ler para mim, estava ávido por conhecer aquela estória. Pedido feito, cabeça despreocupada, ela sempre atendia meus pedidos, desde que o desejo fosse ao alcance. Essa certeza me confortava.

Observei que nesse dia não ouvi os pássaros, onde será que ficavam quando chovia? O tempo fechou e, não demorou, a chuva começou. Terminei o café, subi até meu quarto, que ficava no andar superior do sobrado e fiquei na janela, olhando para as árvores na tentativa de avistar algum passarinho se abrigando do tempo chuvoso.

A chuva vinha de maneira suave e refrescava o quintal, deixando um aroma de terra molhada no ar. A água nas folhas das árvores deixava o verde brilhoso, feito verniz. Descobri um pequeno espetáculo no meu mundinho para admirar daquele dia em diante.

Mas nada seria mais especial do que aconteceria em seguida, no dia com meus pensamentos de criança não pude avaliar o que estava acontecendo. Abri a janela para observar melhor, não molhava meu quarto, pois chovia verticalmente. Foi quando vi na janela da casa que ficava em frente à minha, na mesma direção, uma menina. O vidro da janela dela estava abaixado e a distância me deixou curioso, queria vê-la de perto. Quem mais, no mesmo momento, admirava a chuva junto comigo. Sem perder tempo fiz sinal com a mão, ela respondeu com outro aceno, ficamos parados olhando a cena. De repente ela ergueu a janela, acenei novamente, ela me respondeu com um sorriso. A visão agora era mais clara, enquanto desviava um pouco o seu olhar de mim e olhava para outros rumos eu, sem perceber, me esforçava para ver melhor cada detalhe. Até que desconfiei que poderia estar inibida e disfarcei olhando para os lados, sem saber explicar o tipo de emoção que sentia. Ficamos assim, trocando olhares de vez em quando. Lembrei da música que ouvi outro dia quando entrava no portão, poderia ser ela. Como me encantou a melodia e encanta agora o que estava vivendo. Tudo ia passando pela minha cabeça, enquanto constatava que linda ela era, de cabelos negros compridos, lisos e brilhantes e pele clara. De repente, ela deixa a janela sem dizer tchau, fiquei aguardando, em segundos, a vejo puxando algo próximo a janela e sentou-se. Oscilei entre sentimentos em poucos segundos e nem percebi, era fato, algo muito especial em minha vida tinha acontecido e eu, apesar de novo, já sentia.

O tempo passou, a chuva se foi e nós deixamos a janela, mamãe perguntou o que tanto eu olhava para fora. Respondi que observava um momento lindo, ela nem parou para pensar no que eu respondera, estava atarefada. Perguntei-lhe se poderia sair no quintal para brincar, respondeu que trocasse de roupa porque, com certeza, iria me sujar, foi o que fiz. Quando sai pela porta da frente fui até o portão e, do lado de fora da calçada, avistei um passarinho no chão. Parecia morto, abri o portão e o peguei nas mãos.

– Olá.

Ouvi do outro lado da rua, era a menina com quem havia compartilhado olhares.

– Oi! – Respondi.

– Ele está vivo? – Ela indagou.

– Não sei.

Ela atravessou a rua e veio ao meu encontro, paramos por segundos e ficamos nos olhando. Ela realmente era muito bonita. Estávamos, sem perceber, unidos em resolver aquela situação.

– Pode ser que ele esteja vivo.

Achei que o comentário foi mais para eu não desanimar.

–Tive uma ideia – disse – vamos aquecê-lo, quem sabe foi um desmaio.

– Eu vou buscar um pano, já volto.

Fiquei na varanda aguardando a sua volta.

– Está aqui.

– Quer secá-lo?

Parecia que ela estava aflita por ajudar.

– Posso?

– Claro que sim.

Passei o pássaro para a mão dela que, cuidadosamente, o secava. Enquanto fazia isto cantarolava baixinho uma canção, parecia uma oração e assim ficamos alguns minutos. Passou-o para mim sem parar a cantiga, de repente o bichinho se mexeu com movimentos rápidos. Gritamos de alegria, corri e peguei uma caixa de papelão, colocamos ele ali, envolto com o pano. Nós, orgulhosos, deixamos a caixa na varanda perto de nossas vistas, não queríamos assustá-lo se, de repente, quisesse voar. Foi o que aconteceu, chacoalhou-se e em poucos minutos voou.

Estendi a mão.

– Muito prazer, meu nome é Guilherme.

– É todo meu, eu me chamo Vivian.

Assim, daquele dia em diante, minha vida havia mudado, nós continuávamos a nos ver, porém as brincadeiras eram diferentes. Ela brincava de bonecas e os meus brinquedos eram outros. Era um misto de amizade com carinho, sem saber explicar, eu sabia que podia contar com ela e ela comigo.

Pouco depois ficamos sabendo que estudaríamos no mesmo colégio, em horários diferentes. Eu estudaria de manhã e Vivian à tarde, fiquei pensando que horas eu a ouviria tocar piano. Ela me disse que gostaria de estudar em turnos mistos, meu pensamento era mais conformado. Pensava qual seria o momento para nos vermos, sobrou um espacinho no almoço e, assim, passamos os primeiros anos na escola.

Nos víamos por mais tempo nos finais de semana, quando estávamos juntos brincávamos no balanço da praça da esquina, me sentia um homem forte ao empurrar o balanço dela, protetor em segurar a sua mão para subir os morrinhos de areia que formavam o relevo do lugar onde passávamos horas, até que chegava o momento da partida.

Eu amava o jeito que ela conduzia as brincadeiras, não era apenas uma menina que gostava de bonecas, estava pronta para novas propostas, nada contra as meninas que gostam só de bonecas, mas Vivian brincava de escritório e não se contentava em ser secretária, criava uma imaginária para ela e outra para mim, assim éramos os chefes.

Detalhes de sua personalidade iam me encantando cada vez mais, sem perder a feminilidade e a sensibilidade.

Eu estava decidido, quando crescer queria ela sendo minha namorada. Deixei escapar em uma de nossas conversas este desejo e a sua resposta foi que ela me queria sendo companheiro na sua vida adulta. Um sorriso e um aperto de mão para selar nossos desejos. Nesse dia eu estava mais completo, a sensação que sempre me acompanhara de não estar só agora se explicava. Eu sabia por que e quem era a pessoa que me causava esse sentimento bom. Perguntava pouco sobre os sentimentos dela, preferia perceber em suas atitudes as respostas, e estas vinham sempre generosas construindo o meu amor.

CAPÍTULO 2

O PRIMEIRO BEIJO

Assim se passaram seis anos, ainda estudávamos em turnos diferentes. Com 12 anos era a idade da primeira comunhão, e o nosso colégio era de franciscanos. Para nós seria um momento especial, então escolhi compartilhar um avanço ao nosso relacionamento com o primeiro beijo.

A primeira comunhão era o início de um novo ciclo em minha vida religiosa. Receber Jesus e comungar, esta alegria fazia com que eu me sentisse mais responsável como ser humano. Os horizontes ampliaram, a forma de ver o mundo e tudo o que nos foi dado por Deus nesta passagem pela terra. Me senti uma pessoa especial, atendendo ao ciclo natural da vida e seus ritos de fé e esperança em dias melhores.

Nesse clima de vida, em abundância, tive coragem e pedi o primeiro beijo para Vivian. Queria algo que nos fizesse refletir mais tarde, quando lembrássemos de que maneira nos relacionávamos. Ela concordou, me respondendo com um leve sorriso e com a resposta de que tinha pensado em iniciarmos o namoro com beijos com um pouco mais de idade. Eu disse que apenas encostássemos os lábios e pronto, teríamos dado o primeiro beijo, ela aceitou e assim aconteceu.

Eu estava de terno e gravata, sapatos novos, bem penteado e ligeiramente perfumado. Aguardava no pátio do colégio a chegada de Vivian e, sem muita demora, ela surgiu de mãos dadas com seus pais. Estava maravilhosa, de vestido branco, branquinho, branquinho. Que desejo de abraçá-la! O cabelo estava solto com um laço de fita, levemente maquiada. Para mim, era a menina mais linda do colégio. Agora, mais calmo com a chegada de minha namorada, me encaminhei para a capela. Aos poucos os alunos da Primeira Eucaristia iam ficando em seus lugares. Conforme ensaiamos, recebemos a hóstia, oramos, cantamos, festejamos nos abraçamos e tiramos muitas fotos, foi inesquecível.

Depois do culto a capela se esvaziou, até que ficaram poucas pessoas. Minha querida fez sinal para apurar, estava segurando seus pais, que davam sinal que queriam se retirar. Eu estava em uma roda com meus pais e amigos, disse a mamãe que já voltava. Vivian deu um jeitinho de ficar só, então eu fui ao seu encontro, segurei sua mão e a levei em um lugar onde estávamos a sós, era atrás de um painel, nos fundos na capela.

Com receio que alguém chegasse, porém seguros do que fazíamos, apertei as mãos dela, perguntei se estava pronta e ela balançou a cabeça que sim. Então aproximei minha cabeça e encostei meus lábios no dela. Eram macios, mas eu estranhei a maquiagem. Eu tinha imaginado como seria, só não contava com o brilho labial que ela havia passado e estranhei o cheiro do morango. Foi tudo muito rápido e bom. Senti o calor de sua respiração e pronto, nos afastamos, sorrimos e com algum custo largamos as mãos.

Saímos juntos da capela, nossos pais caminhavam atrás de nós, conversando sobre a missa e a maneira que era na época deles, as diferenças e as igualdades que poderiam passar gerações. Mas o sentido principal seria mantido, a celebração do homem com o Divino.

Papai Vicente e mamãe Eleonora lembraram de outras celebrações que aconteciam durante o ano, os pais de Vivian, Sr. Lourenço e Dona Cecília, cantarolavam alguns hinos de louvores de suas épocas.

Em casa nós pudemos notar os olhares desconfiados, acompanhado do comentário:

– Esses dois vão dar casamento.

Ver nossos pais conversando nos animava, estavam próximos por nós, o que trazia para o nosso pequeno relacionamento o desejo de prosperidade.

Aquele dia foi muito importante para mim, tudo representou impulso a uma vida que estava no início e tinha o propósito de fazer valer. A religião me orientava, ser católico me dava um norte, onde eu procurava tirar minhas dúvidas e exemplos. Tinha pouco contato com crianças de outras religiões, mas aprendi a respeitá-las. Para mim, todas têm o mesmo desejo, aproximar seu fiel à Deus e Deus sendo Pai entende a diferença dos seus filhos feito joias, todas igualmente preciosas aos seus olhos.

Que desejo de Paz me invadiu! Tenho para mim que, o que Deus espera de todos nós é que que as diferenças sejam respeitadas.

CAPÍTULO 3
A SEPARAÇÃO

Estávamos felizes e ficávamos mais tempo juntos, o que nos fortalecia. Até que um dia Vivian se mostrou preocupada, algo estava acontecendo com seus pais. Mantinham conversas sigilosas entre eles e com amigos que até então ela conhecia só de ouvir falar e esses passaram a frequentar a sua casa. Meus pais pouco falaram sobre a rotina dos vizinhos, respeitavam um certo distanciamento que ocorria naquelas semanas. Ela, sem compreender, disse-me que temia algo de ruim acontecer. O Brasil vivia a Ditadura Militar, eu pouco entendia do assunto, em casa não se envolviam nessas questões, apesar de sermos simpatizantes dos comunistas.

E foi assim que vivi um dos dias mais tristes da minha vida. Levantei, abri a janela do meu quarto feito de costume e notei tudo parado na casa de Vivian. Pensei que eles ainda não teriam acordado, normal. Troquei de roupa, tomei café e fui para a aula. Na volta, a casa dela permanecia fechada, como ela estudava à tarde não havia movimento, bati na porta deles e ninguém me atendeu. Senti um frio no estômago, minha boca ficou seca, minhas pernas enfraqueceram. Um filme das últimas semanas que tive com ela foi passando, me lembrando do seu ar de preocupação, fiquei baqueado.

Tentei organizar as ideias, talvez uma viagem surpresa, alguém da família com alguma emergência, muitas coisas passaram pela minha cabeça. Procurei me controlar. Fui para casa, minha mãe parecia me esconder algo, mas não se mostrava assustada tanto quanto eu. O meu desespero era a falta de notícia, nem um bilhete, uma carta ou telefonema, apenas portas trancadas, janelas fechadas, o vazio. Aquele dia passou lentamente, nada acontecia e eu procurei ficar atento a todos os movimentos.

No dia seguinte, homens fardados bateram à nossa porta, perguntando de forma bem sutil, o que acontecera com os vizinhos do sobrado da frente. Meus pais falaram que estávamos sem os ver a dias, achávamos que viajaram por alguma emergência, sem detalhes. Eles fizeram poucas perguntas, o que era de se estranhar. Nesse caso, acho que pretendiam respostas sem alarde, contentaram-se com pouco. Mas arrombaram a casa deles e, depois de uma revista severa, lacraram a casa e foram embora. O fato assustou a todos da nossa rua, dos males o menor, se era o governo que os procurava, eles tinham conseguido fugir a tempo. Porém, as perguntas poderiam ter sido feitas para despistar o que acontecera. Mas eles esconderem este fato não teria sentido. Ficamos em casa articulando os pensamentos, procurando uma maneira de saber o que teria ocorrido.

Meu pai me disse que procuraria saber deles, mas ele me avisou para me conformar com a situação. Me pediu o impossível. E foi aí que doía o silêncio entre Vivian e eu. Simplesmente o silêncio entre nós.

Os primeiros momentos foram assustadores, o vazio. Eu só pensava, onde é que ela estava? Era costumeiro nos comunicarmos quando sentíamos falta um do outro ou se sentíamos algo errado. E, de repente, a situação muda igual a um passe de mágica. De repente estamos separados. O que o destino nos preparava? Que brincadeira infame era está?

O coração doía e eu sabia que precisava ser forte. Fui juntando os cacos para me manter pensando que, apesar de tudo, tive um enorme conforto. Comecei a conversar com Deus, ele me dizia apenas 'pense nela e saberá as respostas do que precisa'. E assim fiz. Meu pensamento foi longe. Onde quer que ela esteja, sei que está sentindo o mesmo que eu, está sofrendo com a nossa separação e pensa em uma maneira de entrar em contato comigo. Os pensamentos negativos rondavam as minhas esperanças, mas enfraqueciam quando ficava em silêncio. O silêncio, a falta da voz dela, se transformava nos nossos momentos juntos e isso me confortava. Apesar do instante de sofrimento, eu sentia felicidade de ter tido alguém e de ter algum dia novamente minha amada, essa força me guiava. Eu lutaria para me manter vivo, precisava estar em forma quando nos encontrássemos e me preparava para este momento. Todos os dias sabia que tinha que estudar, levantar no dia seguinte e no outro e, assim em diante e, no meio disto, ter tempo para pensar em uma forma de ter notícias. Quem foram seus pais? O que fizeram dentro do partido comunista? De que maneira chegaram a esse quadro de fuga? Onde foram buscar abrigo? Estava cheio de perguntas que, um dia, teriam respostas.

Nos meus pensamentos, nos ver novamente seria questão de tempo. Portanto, por mais difícil que fosse suportar a minha pouca idade e suas implicações, por que se estivesse adulto nada seria barreira, eu iria até as últimas consequências. Mas o destino quis assim e meu espírito estava preso no meu corpo e tinha que ter paciência e sabedoria para suportar o que viesse pela frente. Os pensamentos vieram muito rápidos, em minutos vinham vários sentimentos, aqueles dias foram de sofrimento implacável.

Sai de casa para dar uma volta, fui até o final da rua. Tinha acabado de chover, a estação era outono, as folhas secas das árvores, úmidas pela chuva, tornava meus passos suaves. A cada pisar o meu coração respondia pulsando forte. Onde estava a minha namorada?

Quantas vezes passamos naquele caminho, sem imaginar que um dia viveríamos essa situação de separação? Sem perceber, uma lágrima saiu dos meus olhos. E uma gota de chuva caiu da árvore quando eu passava em baixo, o que parecia reforçar o meu choro e, quando percebi, estava chorando com força e com raiva pela impotência que estava atravessando, amarrado sem poder ter notícias. Coloquei as minhas mãos na árvore com generoso tronco, pedi à sua força e a abracei sem medo de que homens não choram, deixando um pouco das minhas dores. Depois do meu desabafo me dirigi com passos suaves até o portão de minha casa, fiquei um tempo por lá. Naquele segundo queria saber quem iria tocar piano para mim. Sim, fato, voltei melhor depois do choro, mesmo refrescando os meus pensamentos, o momento era sério.

Entrei em casa, era sábado, vi o meu pai, que me perguntou se estava tudo bem, e eu respondi que sim, tentando me erguer e retruquei pedindo alguma notícia. Ele foi cauteloso em responder, disse que não tinha novidades, mas que fazia o que podia, entre palavras, não estava parado e me isso confortou.

Subi as escadas lentamente, mamãe indagou-me se ela merecia um olá, pedi desculpas pelo mal jeito, voltei e a cumprimentei e, em seguida, fui para o meu quarto, fechando a porta. Pelo amor de Deus, que dor era essa difícil de me deixar? Frustrado novamente me encontrava carente, que até senti falta da árvore que abracei. Tive vontade de correr até lá e dar um outro abraço. Sorri em segundos, estava difícil me aguentar.

Nesse momento pensei onde Vivian estaria e, se estivesse me vendo, talvez reprovaria minha insegurança. Ela sempre se mostrava preparada para mais do que a vida lhe oferecia. A imaginei triste de me ver amassado, olhos vermelhos, sem ação. E assim, imaginando que ela estava me vendo, fui me preparando para os próximos dias. Ver amigos, jogar bola no campinho após as aulas, ler um livro e, o que mais me importava, me enturmar com os filhos dos amigos dos pais de Vivian. Era um caminho.

CAPÍTULO 4
A PROCURA

Passei o domingo pensando na Ditadura, não fazia parte do meu mundo até aqueles dias, mas agora pairava no ar um tom de medo velado. O Regime Militar estava com tudo, prisões, torturas, assassinatos e aquela opressão peculiar desse regime.

Na segunda-feira fui para a aula, alguns conhecidos cochichavam quando eu passava, outros vinham me abraçar oferecendo força. A notícia do ocorrido havia se espalhado feito rastilho de pólvora. Estava complicado arrancar alguma pista naqueles dias, era muito recente e as pessoas tinham medo de se envolver.

Passadas algumas semanas, estava jogando bola quando Rodolfo, meu melhor amigo, que sabia da minha vontade de ver Vivian, me indicou um garoto, neto de comunistas. No mesmo dia dei um jeito e fui à procura de Sezinando, menino franzino com óculos e mente aberta. Quando cheguei até ele, estendi a mão, ele apertou forte e logo foi dizendo saber da minha história, transmitiu muita segurança no que falava.

– Caro colega, você pode me ajudar? – Perguntei. Precisava saber pelo menos o que havia acontecido.

– Posso, meus pais podem trazer esta informação, se formos espertos conseguiremos ao menos saber o ocorrido.

– E o que devo fazer?

– Diga-me se viu algumas das pessoas que frequentavam a casa dela antes de partirem. Puxe pela mente e me descreva as pessoas, para eu ter uma noção de qual militante devo procurar.

– Certo, entendi. Lembro-me que na semana em que Vivian me falou de algo errado, vi um casal saindo da casa. – Então os descrevi para ele.

– Muito bom, é um começo, os nomes dos pais dela eu sei, agora é comigo, se lembrar de algo mais me procure. E coragem companheiro.

– Obrigado, Sezinando, jamais vou esquecer o que está fazendo.

– Na verdade, quero que esqueça pelo perigo, mas não deixe de ser meu amigo.

– Certo, caro amigo.

Nos cumprimentamos e fomos embora cada um para o seu lado.

Fui para casa com bons pressentimentos, mas precisava ser discreto. No colégio, muitos me conheciam e sabiam o que se passava. O que eu tinha de conhecimento sobre a Ditadura até então é que era uma condição de censura, sabia pouco, meus pais mal comentavam sobre o assunto. E ao ficar atento aos casos que comecei a desvendar essa forma de governo.

Sabia apenas que os comunistas queriam dividir os bens de todos e, para isto, furtariam, saqueariam e matariam. Então comecei a formar minha própria opinião. Fiquei sabendo que, sob a ordem desse regime militar, até crianças eram torturadas. Fiquei atento, o que me preocupava era não envolver meus pais na questão, era uma situação muito delicada, tive todo o cuidado possível.

Naquela semana era o assunto que permeava a minha cabeça. Quanto mais me aprofundava, mais raiva sentia. Fiquei sabendo que havia militantes que apenas pleiteavam a liberdade no Brasil, nem todos queriam dividir os bens alheios, pretendiam um estado livre, desejando escolher, por meio de eleições, o presidente do país.

Depois de três semanas, Rodolfo me procurou deixando um recado de Sezinando, perguntando se eu poderia me encontra com ele após a aula, na rua do armazém abandonado e eu respondi que estaria lá. Estudávamos no período da manhã, as aulas acabavam ao meio dia. Assim que despistei da turma grande que saia do colégio, me dirigi até o local combinado. Fiquei aguardando aproximadamente meia hora, imaginei que o meu amigo fizera o mesmo que eu, afinal, todo cuidado era pouco. Vindo pela esquina da rua, caminhando despreocupadamente com um pião na mão, enrolando o barbante no brinquedo, era Sezinando.

– Oi amigão! Como tens passado? Trouxe o brinquedo para desbaratinar quem possa nos ver.

Entrei na brincadeira tentando apanhar nas mãos o pião enquanto rodava. Nesse instante passaram umas pessoas que não estranharam nossa presença. A distância impedia que nos ouvissem, percebendo isso perguntei, temendo a resposta.

– Tem notícias?

– Sim, fique calmo Guilherme, consegui identificar quem eram os companheiros que me falou pela descrição. São amigos dos pais de Vivian, que estavam em uma missão, trazer livros estrangeiros para o Brasil.

– Livros! Este é o crime?

– Você não tem ideia do que são capazes. Enfim, os pais dela saíram do país depois que vazaram informações e agora são procurados.

– Você sabe para qual país?

– É sigilo, sabem, mas não dizem para ninguém.

Enchi os olhos de lágrimas.

– Não fique assim, meu amigo, pense que poderia ser pior se eles tivessem sido pegos.

– Mas tem essa possibilidade?

– 99% de chance que estão livres, notícia ruim desse tipo saberíamos com certeza, temos informantes antenados. Agora preciso ir, você está bem?

–Sim, desculpe o calor da emoção, vou andando. Sezinando, mais uma vez obrigado, qualquer notícia me comunique. Estou muito grato, amigo.

– Um abraço Guilherme, vou me lembrar de você caso tenha notícias, adeus.

Nunca me tornei amigo de uma pessoa tão rápido e a recíproca era verdadeira, determinadas situações unem as pessoas.

Depois das informações colhidas, parei com a minha busca temporariamente. Achei que poderia prejudicar Vivian e seus pais. Com 12 anos não via a hora de ser maior de idade e me lançar na procura definitiva pela minha companheira. Foi então que fui convidado para uma festa de garagem de um conhecido do colégio, aceitei e decidi afastar aquela imagem de sofrimento que passei por algum tempo. Rodolfo veio falar comigo.

– Guigo, estou contente com você, pensei que iria recusar o convite para a festa, lá estarão as melhores pequenas, pelo que pude apurar, vai estar bacana.

– Oi, Rodolfo! Com certeza estará e você me fala quem está paquerando. Me avisa se ela vai estar na festa.

– Minha nossa Guigo, está solto na pista, este é o meu amigo que voltou?

– Brincadeira camarada, estou curtindo, apenas isto, não está fácil para mim.

– Eu sei amigo, mas sem tristeza. Olha, a minha paquera é a Karine, da fanfarra, sabe quem é? O que achas?

– Bela menina.

– Então, aí vem a boa nova para você, ela tem uma amiga que quer te conhecer.

– Me diga quem é, quem sabe pode nascer uma amizade.

– O nome dela é Letícia, ela te observa faz tempo, de uma chance para vocês.

– Bom, vou estar na festa, vamos ver o que acontece.

Chegou o dia, a casa de Diogo, o anfitrião, estava repleta de jovens, a garagem não comportava tanta gente e, com isso, a festa se estendeu até o jardim. Tocava discoteca e, quando cheguei, avistei os meus amigos, todos curtindo e comentando quem eles convidariam para dançar. Rodolfo foi o primeiro do nosso grupo a se arriscar a levar um não, tirando para dançar a sua paquera. Mas era de se esperar que o convite seria aceito.

Enquanto eles dançavam, eu ouvia a música lenta que tocava. Com um copo de refrigerante na mão eu olhava as meninas, sem interesse de dançar. Até que se aproximou uma garota, imaginei que fosse Letícia e era ela, se apresentou e disse que a festa estava boa. Me convidou para dançar, a música que tocava era agitada, concordei e fomos. Nossos olhares se cruzavam, ela procurava assunto e eu me limitava a responder. Achei que minha companhia desagradava, engano meu, o pouco que falava era minuciosamente ouvido. Ela respondia dando atenção aos meus assuntos. Ficamos um pouco na garagem onde tinha som e depois saímos até o jardim, nos sentamos à sombra de uma árvore e então, mais descontraídos, conversamos despreocupadamente. Assim nasceu uma grande amizade.

O tempo passou, era meu aniversário de 19 anos, muita alegria me cercava, meus amigos, alguns da adolescência e outros mais recentes me fizeram uma festa surpresa. Estava certo de que Letícia fora a organizadora, tanto quanto naquele dia, sob a sombra de uma árvore em outra festa, pensei que ela seria uma grande amiga e foi. Eu a admirava, nunca disse isso a ela, mas ela me lembrava a Vivian, com seu jeito de conseguir o que almejava, seu desprendimento e coragem eram fascinantes.

Eu estava com amigos quando ela veio ao meu encontro e disse:

– Guigo, vamos voltar no tempo, relembrar daquela festa de alguns anos atrás?

– Claro, de que parte nós saímos?

– Daquela que eu te convido para dançar.

E assim fizemos, dançamos feito adolescentes sem preocupação. Cansados e de mãos dadas nos retiramos da pista e, em um lugar mais reservado, Letícia me falou:

– Você não acha que eu mereço?

– Claro que sim, merece tudo de bom.

– Então...

Ela foi se aproximando de mim, fitava meus olhos com afinco, sem poder dizer não, a beijei, tinha um gosto amadurecido pelo desejo dela. Eu já havia estado com outras mulheres, mas nunca tinha beijado Letícia, que foi cuidada com todo zelo pela nossa amizade. E mesmo porque sabia que ela era especial e, se acontecesse algo entre nós, não passaria em branco e esse era o meu medo. Em todos os anos que se passaram ainda procurava Vivian. Agora que eu chegava a maior idade, os mais íntimos sabiam que me entregaria, eu estava decidido a cumprir o que determinara desde criança, encontrar a minha companheira.

Depois do beijo, Letícia disse:

– Certo Guilherme, eu sei o que vai falar, somos amigos e você tem uma tarefa a cumprir. Mas e o agora? Por que esconder o presente no passado, ou adiá-lo para o futuro? A tua realidade hoje sou eu, uma mulher que te ama, estou aqui todos esses anos, nunca te exigi nada.

Hesitei um momento, procurei palavras, tinha medo de magoá-la.

– Letícia, resistir a você é uma tarefa difícil, mas tenho que ser honesto. Nesses anos eu me lembrei de Vivian todos os dias, não passou sequer um só dia sem me lembrar. Eu seria um cafajeste por me aproveitar dos seus sentimentos mais sublimes, justamente agora, que estou livre para buscar quem eu amo.

– Eu posso amenizar esse sofrimento, caminhe comigo, me deixe ser sua namorada. Prometo não lhe atrapalhar e, se encontrá-la, partirei sem demora e te deixarei livre para viver esse sentimento.

– Vou pensar, sem promessas. Agora vamos dançar e festejar o nosso momento, concorda assim?

Ela enxugou as lágrimas que estavam prestes a cair e, com um leve sorriso, sem tocar novamente no assunto, curtimos a noite toda.

No dia seguinte levantei tarde, tomei banho e enquanto me penteava olhando no espelho, as palavras de Letícia vinham na minha cabeça. Será que eu estava perdendo tempo? E se Vivian tivesse outro, por que não me procurou ou ao menos tentou? Eu não sabia explicar, mas uma força me levava a pensar nela sentindo o mesmo sentimento, será paixão de outras vidas? Sem saber, apenas amando, as minhas dúvidas iam cessando. Se era perda de tempo, estava disposto a pagar e ver.

Agora, pronto para partir, última olhada no espelho, foi que veio à minha mente uma carta escrita, eu li as palavras da minha escolhida namorada que dizia:

"Seus olhos, meu querido, quero... eu quero esta sensação de ter e saber que é o olhar do menino que amo e me fitam com igual sentimento. Guilherme, a cada momento uma nova promessa reafirma isso. Puro é o que sinto ao te imaginar próximo. Acolhimento sem cobrança, sem hora a despertar. Os braços que me afagam me protegem de todo o mal. E agora, de que maneira vou viver, se me acostumei com você? Prometa-me jamais deixar que nos afastem, que insanidade de amantes cometemos. Faça. Te amo".

Depois de arrumado e com a cabeça povoada de pensamentos, me dirigi à livraria de estudantes especialista em universitários. Lá eu teria entrevista de emprego, que seria o meu primeiro. Fiz a entrevista e fui escalado para trabalhar. Ter passado no vestibular ajudou, o curso não era de humanas, passei em Arquitetura, a minha paixão pelos livros de qualquer gênero contribuiu muito na escolha.

Agora tinha outra tarefa importante, encontrar algum quarto para alugar, pois pretendia sair de casa e morar sozinho. Procurei um lugar que ficava perto da universidade e do meu emprego. Aquela semana foi dedicada a isso. Tudo parecia conspirar a favor, somente meus pais relutavam com minha vontade de morar fora. Mas, com o tempo, eles entenderam o porquê da busca de tantas conquistas. Depois de achar o meu canto e da mudança feita, era hora de estudar, trabalhar e procurar as respostas que levariam ao paradeiro da minha amada.

Com a informação de que ela estava morando em outro país, a mesma que meu pai me confirmou algum tempo atrás, só tinha isto de ponto de partida, aliada a uma força de vontade muito grande e, sem perceber, passei a recordar mais de nossos momentos juntos.

Nos primeiros meses de trabalho observei os frequentadores, os que mais se politizavam, os que pareciam fazer parte dos movimentos clandestinos contra a Ditadura. Na universidade era fácil encontrá-los, porém eu não podia me vincular ao partido por ficar muito em evidência. O meu objetivo não era de ser militante e depois, se fosse pego, dificilmente conseguiria realizar o meu propósito. Com a cabeça fria e pelas beiradas fui juntando as peças que encontrava pelo caminho.

Nessas idas e vindas conheci um rapaz chamado Ferdinando, muito discretamente ele estudava as formas de governo que o Brasil se submeteu desde a Proclamação da República. Senti que poderia ter alguma informação e disse a ele que procurava uma família que se mudou do país no ano de 1966, por terem acesso a livros proibidos. Ele me respondeu que as pesquisas que realizava eram autorizadas pelo governo, tudo ou quase tudo que passava pelas suas mãos não se referiam à esquerda e sim à direita do sistema. Foi então que propus ajudá-lo com seu trabalho, enviando textos periodicamente sobre o atual Regime.

Entregava uma vez por mês os textos que escrevi sobre costumes e o cotidiano das famílias neste governo. Era bem discreto para não levantar suspeitas. Em uma de nossas reuniões, Ferdinando me apresentou as suas pesquisas e me mostrou onde encaixava meus textos.

Sem perder a postura de imparcialidade, me perguntou onde eu queria chegar com este esforço. Me lembrou sobre a pergunta que lhe fiz meses atrás. Respondi com sinceridade, que estava à procura de uma pessoa e lhe contei a história. Ele disse que poderia me dar mal, mas, vendo o meu sofrimento, acrescentou que poderia fazer algo. Uma vez que seus estudos eram autorizados pelo governo, ele poderia ter acesso a presos políticos. O difícil seria extrair algo de concreto de presos que não cediam informações muitas vezes nem sob tortura.

Pedi a ele que fizesse esse favor, me deixar de frente com um dos principais militantes preso. Ele aceitou, mas lavava as mãos se eu fosse pego com o verdadeiro intuito da missão.

Aqueles dias de espera foram longos, procurei o líder dos estudantes do campus, disse-lhe que em breve teria uma entrevista com um de seus líderes presos. Mais uma vez tive que contar a minha história, eu estava sem saída, precisava me arriscar. Pedi ajuda, era a minha maneira de obter informações sobre o meu caso, também me ofereci se ele quisesse mandar algum recado. O estudante foi frio, apenas fez menção de um sorriso quando disse me conhecer do campus. Depois de todo o pedido feito, ele disse que tinha uma palavra, uma senha que talvez pudesse socorrer-me, que era *ternura*. Se eu falasse, talvez o entrevistado contaria o que soubesse. Naquele dia sai da universidade com esperanças.

Chegando no meu quarto, abri as janelas que davam vistas para um parque e orei. Pedi proteção, pois tinha noção do risco que estava correndo. Depois passei uma água no rosto e me lembrei de Vivian, peguei um papel e uma caneta e escrevi, meu desejo era que ela me sentisse naquele momento.

"Minha amada, apesar dos anos que nos afastam, sempre te sinto próxima a mim. E hoje, mais do que nunca, preciso de você perto, necessito de sua alma sábia que me inspira. Agora tenho de ser verdadeiro e, simplesmente honesto, para convencer outra pessoa do meu propósito. Fique perto minha querida, inspirado e inundado de você terei conquistas. Ano após ano aguardo o momento de te ver, minha namorada que hoje, com certeza, se transformou em uma linda mulher. Quanta saudade minha pequena. O meu sofrer não será em vão, lembro de suas palavras.

Vivian, o futuro se mostra distante do meu desejo, mas acredito que possa mudar a força reacionária e transformá-la a nosso favor. Te busco em olhares, sentimentos bons, lugares, eu jamais te esqueci. Princesa, não se atormente, irei achá-la, lembro-me do seu beijo único, no meu universo que sabe te amar. Sem pressa, te desejar é a tarefa mais nobre que eu passo os dias a me dedicar. Sem dor, vivi a vida saudoso. O meu desejo de ter você nunca me destruiu, a distância vai acabar, esta é a certeza. Então, face a face, viveremos o que nos for de direito. Espero estar no seu coração e, se tiveres um outro alguém, lembre-se de nós. No meu amor desmedido, isto para mim é detalhe. Sei que nesse sentimento nada me abala. Construí base sólida e, te perder, é atitude descartada. Mas este assunto me irrita, o que quero dizer é que, podemos estar próximos e isto me traz euforia e uma grande responsabilidade. Hoje ter que falar, o que tiver que ser dito, com palavras certeiras, é o meu desafio. Conto com você no meu pensamento".

Sempre seu, Guilherme.

Chegou o dia da entrevista, me arrumei com o mesmo zelo de sempre. Naquele dia senti uma presença feminina, forcei a minha mente para visualizar quem me acompanhava. Até que, de olhos fechados enxerguei uma mulher, de cabelos negros e lisos, pele clara e olhos castanhos, estava de vestido branco, tentei conversar, mas dela ouvia poucas palavras. Disse-me que era minha amada e que estava ao meu lado. Com alegria e um pouco de tempo, devido o momento em que passava, fechei meu quarto e saímos juntos caminhando pelo parque.

Estou aqui ouvi seu clamor e, assim, fomos. Atravessei a cidade com pastas da pesquisa, minha e de Ferdinando, a qual ia mostrar na polícia caso eles pedissem. Chegando lá, me apresentaram ao delegado, que fez algumas perguntas e passou os olhos nos meus escritos, dizia estar me aguardando. Chamou um de seus subordinados, que acompanhei em um corredor escuro com várias portas, onde cada uma delas eram salas de interrogatório, estamos na sala mais próxima do final do corredor. O rapaz que me levou até lá me informou que o nome do preso era Heitor Alvarenga. O mais fácil de colaborar, porém um de seus homens ficaria na sala para ter certeza que o conteúdo da conversa não seria distante da pesquisa, imaginei coisas do tipo, estava preparado.

Trouxeram Heitor de algemas e roupas suadas, longe de uma higiene apropriada. Seus olhos estavam inertes, pareciam paralisados, uma enorme tristeza se fez. Apresentei-me e iniciei as perguntas.

– Heitor, o que você acha do Brasil, o país nos dias de hoje?

Não me respondeu e, assim foi, em quatro perguntas, até que o oficial me perguntou.

– Quer que eu o obrigue?

– Não pelo amor de Deus! – Respondi.

Chamei o guarda no canto e disse:

– Deixe-me a sós com ele, mesmo porque tudo que falarmos eu gravo e mostro para você no final da entrevista.

Ele pediu que esperasse um momento e voltou com a resposta afirmativa. A sós e certo de que ninguém estava nos ouvindo, iniciei a conversa que me levou até ele.

– Caro Heitor, por tudo que lhe é mais sagrado me ouça, estou aqui por outro motivo. Há mais de sete anos procuro uma família que se mudou do país, fugindo do governo. Escute-me, tenho que ser rápido, a palavra que pode ajudar você a confiar em mim é Ternura.

Não ouvi uma resposta, então continuei.

– A mulher que amo é dessa família, não deixaram nenhuma pista.

Enchi meus olhos de lágrimas e iniciei uma oração, atento a mim ele me falou:

– Tudo bem, nunca vi um desses malditos chorarem. Nessa época, quem nos socorria era Luzia Tenório, procure por ela em Londres, com os nomes deles acho que terá respostas.

– E o endereço dela?

– Procure o diretório do partido, boa sorte.

– Posso fazer algo por você?

– Diga a minha família que estou bem.

– Obrigado, deus te abençoe.

Depois disso ficamos mais tempo juntos, falando sobre o Brasil, perguntas água com açúcar. O delegado me perguntou de que maneira consegui obter a entrevista, ao que eu respondi:

– Disse-lhe que eu era um amigo. Apresentei a gravação do que podia ser dito e aguardei até que tudo fosse liberado. Fui embora agradecendo a cooperação da polícia. No caminho, vinha comigo a minha amada Vivian, dos meus pensamentos, eu não falava em voz alta, mas nossos pensamentos conversavam. A convidei para ir à loja de chocolates, gostaria de agradar a mãe de Heitor. Assim fomos, com doces escolhidos pela minha amada, me dirigi ao endereço de dona Abigail. Chegando lá disse ter conhecido seu filho e ela, sem demora me convidou a sentar, carente de notícias ficou eufórica.

– O que mais falou meu filho?

Floreei um pouco as palavras e escondi alguns fatos que podia lhe trazer tristeza. Entreguei a caixa de bombons e fiquei em sua companhia o mais que pude. Pedi a ela coragem e que não demoraria, um dia veria o seu filho longe daquele lugar. Me despedi com um aperto no coração e fui embora.

Em casa, convidei Vivian para tomar chá, era muito nova a situação, ainda estava me adaptando com sua voz e sua presença por perto. Coloquei uma xícara para ela e outra para mim, ouvi com perfeição sua voz. Com o jornal sobre a mesa, ela me fez observar uma nota, pediu que eu lesse, tratava-se de um recital de piano, adorei a ideia.

– Vamos juntos? – Perguntei-lhe.

– É o que quero. – Ela respondeu.

Chegando no auditório onde aconteceria o recital, estava em ótima companhia. Que mulher linda ela se transformou, fiquei onde tinha cadeiras vagas e poderíamos ficar juntos. Quando a pianista tocou os primeiros acordes me transportei para outro lugar, ela e eu dançamos ao som do piano. O som preenchia todo o espaço, de olhos fechados ouvi a música, foi um presente vindo dos céus. Um oásis, para aqueles últimos anos que foram cansativos.

Investigando, consegui chegar ao endereço da senhora que ajudava os brasileiros em Londres. Temia ter deixado o meu rastro, mas era um caminho sem volta, impossível não me arriscar. Tudo isso levou anos, mesmo porque tive que juntar dinheiro para a viagem, que custava alto para um estudante universitário que trabalhava. Era uma opção minha não depender dos meus pais.

A Vivian dos meus pensamentos não me abandonou, passamos dias e noites juntos. Namorávamos e os amigos estranhavam, porque estava sem me encontrar com garotas há um bom tempo. Até que uma amiga de tempos veio me falar.

Letícia tocou a companhia, abri a porta sem me preocupar com quem poderia ser ou o que poderia ver.

– Oi, Guilherme! Tudo joia?

– Olá, Leticia, quanto tempo!

– Você está esperando alguém? Duas taças à mesa, atrapalho?

– Quem esperava adiou o programa. E aí, me fala, por onde andas que não nos vemos?

– Nos vermos? De que jeito, você vive enfurnado nos livros e no seu empenho, que eu sei qual é. E a propósito, não desistiu ainda? Guigo é perigoso cutucar a onça com vara curta, pode sair caro, tudo isto vale a pena? Fiquei sabendo que rejeitas todas as mulheres que se aproximam, menos mal, pensei que fosse defeito meu.

– Letícia, não acredito, veio na minha casa despejar esse assunto? Penso sobre amar, nunca senti algo por outra pessoa. Nesta minha, ainda curta vida, união entre seres, leve, sem cobrança, certo ou errado, só posso lhe dizer que transcende.

– O jeito que fala, parece coisa de outro mundo, meio fora do real, você acredita em outras vidas? Acha que ela é sua alma gêmea?

– Acredito na energia do universo, sou católico e a impressão que tenho é que conheço Vivian de outros lugares, de vivências diferentes da de agora. Penso que ela é minha e que a energia do ser humano é imortal e a imortalidade é condição de quem ama. Somos energia pura, por acaso alguém conseguiu engarrafar pensamentos? Armazenar de alguma forma este pensar? Isso ninguém nos tira. Acredito, sim, que vivemos estágios diferentes e, desta vez, encontrei quem me completa e não pretendo abandoná-la.

– Concordo com o que diz, mas pense, você não está doente de tanto amar?

– Doente estaria se sofresse por amor, sofro pela situação, mas não por amá-la. Às vezes é difícil, sinto falta daquela ou outra palavra que poderia servir de ânimo, o aconchego, mas estava só.

– Estava só? Não está mais.

– Letícia, você é uma pessoa que gosto, então posso lhe dizer, não estou mais só, a energia de Vivian está comigo, ouço sua voz claramente e a vejo quando fecho os olhos, ela por perto acalma a solidão. Mas continuo a procurá-la, o que está mais próximo do que antes.

– Me emocionei com sua história, mas pense na situação agora, você tem este *time* correto?

– Com clareza não estou ficando louco, sei de todos os perigos que corro, mas algo me leva à frente.

– Acredito na sua lucidez. Apesar do que me relatou, seu pensar tem lógica, mas seria prudente esperar o regime acabar. Escuto em muitos lugares reivindicações para abertura política. Acredito que, em alguns anos, vamos ter um Presidente da República eleito pelo povo. Aguarde mais um pouco, seja prudente, muitos conseguirão anistia e voltarão ao país.

– O meu caso é diferente, mas entendo, vou ficar mais cuidadoso.

Depois dessa conversa nos envolvemos em outros assuntos mais leves, tomamos vinho e lembramos dos nossos tempos de adolescência. Me deixava bem este sentimento da amizade. Apesar de ser uma mulher encantadora, Letícia era especial, ela passou a respeitar o meu tempo.

Minha formatura havia chegado e, após a cerimônia oficial, fomos a um bar comemorar. Lá estavam Rodolfo, Leticia e outros colegas. Fazia algum tempo que meus trabalhos com os textos para Ferdinando haviam acabado, mesmo assim, ele não faltou às comemorações. Até o velho amigo Sezinando fez parte da festa.

Nessa noite, com a emoção dos meus pais e de meus melhores amigos reunidos, descobri um dos sentidos da vida. Ter grandes pessoas ao nosso lado, não somos sozinhos. Um olhar, dependendo da palavra na hora e de quem a profere, pode fazer a diferença na vida do ser humano. Enquanto tomava um copo de cerveja, com pensamento distante em um lugar silencioso, dediquei aquele momento a todos aqueles que souberam respeitar o meu tempo de solidão. Pessoas que me traziam a alegria de estar vivo e fazer parte do universo. Mesmo distantes, os laços eram fortes e as amizades sinceras. Em especial uma grande mulher que, mesmo de longe, nunca me abandonou, que era Letícia. Sua segurança me inspirava, com inteligência me ajudou a enxergar sutilezas do cotidiano, uma visão bela sobre o comum. Eu estava rico de pessoas e, com certeza, saberia devolver o meu melhor quando fosse preciso.

Assim se fechava o ciclo, eu iria mudar de emprego, deixaria a livraria e passaria a trabalhar em uma construtora renomada. Desenvolveria projetos arquitetônicos, seria um bom início na minha profissão.

No entanto, antes de iniciar o novo trabalho tinha planos de viajar a Londres. Era o que mais me causava ansiedade. Dediquei anos da minha vida àquele momento, quando poderia rever Vivian novamente. Meu coração disparava, minha boca secava e, sempre que acordava para a realidade, eu estava nervoso com o momento que se aproximava. Mesmo sabendo que deveria estar preparado e ser frio, eram várias emoções no encerramento desta fase da vida. Mas sim, eu estava pronto e, na hora que me exigissem, estaria apto a resolver qualquer situação, colocaria em prática o que preparava a anos.

CAPÍTULO 5

QUANDO CHOVIA

Eu estava com o passaporte pronto e com a passagem comprada para viagem à Londres. Aquela semana estava conturbada no país, pois os militares e os comunistas ainda mantinham confrontos e, no início de mês após as festas de fim de ano, em uma manhã daquela semana, eu observava da janela do meu quarto a movimentação no parque que ficava em frente. De repente, uma viatura da voz de prisão a uns jovens que vinham da direção da universidade, nesse mesmo instante alguns deles sacaram armas e, ali, se iniciava um tiroteio. A praça de guerra estava formada, muitos tiros e gritaria, até que observei um ferido na porta do meu prédio. Os militantes estavam atirando em outra direção, foi quando agi, poderia ser algum conhecido que, durante todos esses anos de procura por Vivian, havia me ajudado. Desci, abri a porta e, nos meus pés, estava um jovem estudante encharcado de sangue, com uma arma na mão. Eu tive um impulso e o puxei para dentro, tirando-o daquele cenário.

– Socorro moço, está doendo muito – Ele disse.

Levei-o até o meu quarto e liguei para um dos meus contatos do partido, explicando o que estava acontecendo. A movimentação lá fora continuava, alguns jovens, prováveis comunistas, conseguiram fugir, outros foram presos. Militares revistaram todos que estavam naquelas imediações. Enquanto isto, eu não deixava o rapaz perder a consciência.

– Fique acordado companheiro, como se chama?

– Osmar.

– Tudo bem Osmar, nossos amigos irão te levar a um médico.

– Obrigado, você é?

– Sou Guilherme. Não se esforce, mas fique acordado, logo que os milicos se forem tiraremos você daqui.

Estava complicado, o tiro tinha sido na barriga e a movimentação lá fora continuava. Chegaram mais viaturas e começaram a revistar as casas da redondeza, com o intuito de descobrir se alguns procurados haviam se escondido ali.

– Osmar, eles entraram no prédio e certamente vão bater aqui, vou te esconder.

– Deixa, Guilherme, posso te complicar.

– Vamos tentar, coragem.

Coloquei-o debaixo da cama com umas caixas na frente, limpei o sangue rapidamente deixando o pano junto, sabia que tudo poderia desmoronar feito um simples passe de mágica, mas era o que tinha de ser feito. À medida que os policiais avançavam, o meu sangue ia esfriando. Até que bateram na porta, um dos homens foi direto embaixo da cama, olhou por cima, viu as caixas, não sei se ele não viu ou fez que não, passamos por este. Contudo, antes de saírem um outro viu as gotas de sangue no chão. Apontaram armas para mim e descobriram Osmar. A voz de Vivian veio até mim, dizendo "fique calmo querido".

– Você está preso – anunciou um dos policiais.

Osmar dizia:

– Deixe o moço, eu o obriguei, estava armado eu o ameacei.

– Isto é o que veremos na delegacia.

Arrastaram Osmar e me levaram junto, dentro da viatura foi passando um filme. Eu não sabia se iam me levar para algum lugar e me matar ou se era para um interrogatório. Estava vendo o meu sonho se esvair naqueles momentos.

Quanto a Osmar, o que fariam com ele? A situação dele era mais complicada, será que iriam socorrê-lo ou eu estava do lado de um homem prestes a morrer? Sensações terríveis passavam pela minha cabeça e, em silêncio, aguentei com certa resignação o que acontecia.

Chegando à delegacia, separaram-me de Osmar. Me levaram algemado, com as mãos para trás, até uma sala sem janelas, apenas com uma luz no centro, o que compunha um ambiente escuro e sombrio. Iniciou-se então um cansativo interrogatório. Pediam meu nome, local de trabalho, o que fazia, o que deixava de fazer, nome de conhecidos, sempre me tratando como um criminoso. Depois de horas cansativas, com interrogadores diferentes me disseram:

– Estás em maus lençóis, vamos investigar sua vida e, se ocultar algo, será pior para você.

Deixaram-me naquela sala sufocante, que dava a impressão que, em poucos minutos, faltaria ar no espaço das quatro paredes. Fechei os olhos e Vivian surgiu, pedi que ela me abandonasse naquele momento, não queria vê-la sofrer, sua resposta foi que eu iria precisar dela. De repente, comecei a ouvir vozes, desta vez de homens e mulheres me criticando, xingando, enfim, me atormentando. Diziam que o pior aconteceria comigo, faziam questão de falar que eu já era.

Era tudo o que eu não precisava no momento, perdi a razão, além de preso estava enlouquecendo. A perturbação era tanta que comecei a retrucar as ofensas em voz alta, somente quando estava só. Passavam-se horas, eu naquele transtorno, até que me levaram para uma cela isolada de outros presos. Me largaram lá sem me agredir, provavelmente ficaria ali até vasculharem minha vida de trás para frente. As alucinações estavam fortes, até que um dos guardas me ouviu e me perguntou se eu estava querendo dar uma de louco com aquele falatório. Eles terem percebido foi péssimo, mas no primeiro momento fizeram vistas grossas, o pior ainda viria.

Após uma semana, voltaram a me interrogar, agora com papéis na mão que contavam particularidades minhas.

– Queremos saber quem manda?

– Não há líder, não participo de movimento algum – respondi.

– O que fazia infiltrado, com desculpas de pesquisas, veio até aqui nos fazer de otários? Conte tudo antes que seja tarde, queremos explicações, fale!

– Não sei, apenas era simpatizante, estive uma vez ou outra com eles, mas não me envolvia.

– Não se envolvia, apenas participava de uma ação armada e não se envolvia. O que procurava?

A conversa foi longa e cansativa. Estava terrível, sem poder dizer o que procurava, porque poderia envolver Vivian e sua família. Eu dava respostas evasivas, que não esclareciam.

Tive vários interrogatórios do mesmo tipo, até que um dia entrei na cela e vi uma caixa de som pendurada no teto. Fiquei intrigado, as minhas alucinações continuavam, vozes que tentavam me amedrontar, me ofendiam sem parar, sem descanso. No meio dessa confusão que estava em minha cabeça um dos interrogadores veio me falar.

– Bom seu Guilherme, você não quer cooperar então vai ficar com seus fantasmas e mais alguns para te ajudar abrir a boca. Quando mudar de ideia nos chame, caso contrário, boa estada na prisão.

Ao sinal dele, ligaram o equipamento fajuto de som, possuía uma gravação me fazendo perguntas sem parar. Palavras agressivas e xingamentos. Pensei que iria enlouquecer de vez. Eles aumentaram o volume, fazendo com que dormir fosse ainda mais difícil, mas era a única forma que eu tinha de descanso. As gravações não paravam, mas o cansaço me apagava. Sem conseguir pensar em outras coisas, eu via a imagem de Vivian tentando ganhar espaço, mas a vozes do mal eram maioria. Eu estava sem saída, aquela lavagem cerebral estava apenas começando. Eu tinha perdido a noção do tempo, a luz ficava ligada direto. Tinha quatro refeições ao dia, a comida era boa, mas não me deixavam comer o suficiente. Eu não entendia o que queriam comigo, seria uma espécie de rato de laboratório? Precisavam de mim vivo, talvez pensassem que eu era o cabeça de algum grande esquema, pelo teor das perguntas.

Os dias se passaram e fui me retraindo, ficava sem trocar de roupas por dias até que me avisaram, falaram:

– Vamos lá seu idiota! Faz quinze dias que não toma banho.

Me levaram para um lugar onde a água era morna, mas também tinha gravadores e outras pessoas que falavam sem parar, o banho se tornara um suplício. Depois, trocava de roupa e voltava para cela com o corpo refrescado, mas com a cabeça tinindo.

Pensei, preciso trabalhar a minha mente, caso contrário o efeito da lavagem seria pior, quando me esgotava respondia as provocações. Comecei então a procurar Vivian, junto veio a imagem de um homem, eu mais velho sentado num banco da praça. Muitas coisas aconteciam ao redor, mas nada o atingia e, nesse turbilhão de pensamentos, eu via minha amada vestida de branco, pedindo que eu comesse, bebesse, que eu me cuidasse e a amasse, que fosse em frente. Era minha mulher, não me cobrava, mas pedia com delicadeza que lembrasse dela enquanto sofria por outros motivos. Assim fiz, agradeci a Deus por tê-la, os dias ficavam mais mansos.

Os dias foram passando assim, em uma daquelas noites conversei com Vivian, perguntei se nos conhecíamos de outra vida.

– Sim, fomos muito felizes em outra vida e agora estamos em estágios diferentes.

– Que estágio?

– Você precisa se manter vivo, porque em viver está a resposta que procura. Com certeza você foi feito para amar e talvez este seja o mistério da vida, simplesmente amar. Quantas guerras seriam evitadas, violência, abandono, miséria. Uma infinidade de males seria estancada se o verbo do homem fosse amar. Mas sua resposta pessoal virá com o passar dos anos, mesmo sabendo qual seria ela, sem entendê-la, de nada serviria, é preciso senti-la.

Fiquei com esta interrogação na cabeça. Eu amo, mas não é o suficiente e lutei por isso, o que mais preciso fazer? Sofrimento, será que faz parte da vida? Por que tanta dor, passar pelo pior para sentir, por que aquilo estava acontecendo comigo? Perguntas que me sufocavam, mas agora era tarde. Eu estava preso e pensando nisso no meio de uma enxurrada de palavras malditas.

Se sofrer era minha condição ao entendimento da minha existência, estava acabado, era o suficiente.

Vivian me disse:

– Eu te amo e estou aqui para dizê-lo, confie que tudo passará, o mal passará. É preciso que creia em Deus e nas pessoas.

Todos nós estamos na mesma viagem, com papéis diferentes, mas com o mesmo propósito. Simplesmente viver e, o que difere, é a maneira que cada um leva a vida, se amar não é preciso sofrer. Mas se nesse momento é o que resta, decifre. Se deixe amar com toda a sua força, sem sucumbir, o ódio não tem a capacidade de trazer cura. Guilherme, meu amado, você irá conseguir, deixe para trás o que te magoa, seja honesto contigo e leve o que te vale, sem precisar ferir a outros. Encontrarás, nem que seja escondida, sabedoria para prosseguir.

Depois dessas palavras, adormeci e tive um sonho. Eu era pequeno e corria por um campo, estava vestido de bermuda e camisa azul, corria velozmente por entre árvores até cansar e me encostar em uma delas. Do outro lado do tronco, ouvi a voz de Vivian, meus olhos brilharam.

– É você, minha namorada?

– Sim, sou eu meu amado.

Ela deu a volta no tronco, me chamou e ficamos parados nos observando sem falar palavra alguma.

– Vamos correr por estes campos sem fim, antes que nos peguem – eu disse.

Vivian estava com o vestido da primeira comunhão e o mesmo laço de fitas no cabelo.

– Guilherme, o que tens feito sem mim?

– Te procurar e pensar em você.

– Meu querido.

– Acha que eu não deveria?

– Não quero te ver sofrer. E se eu estiver te prendendo a lembranças?

– Pensar em você é estar em paz, não há nada melhor para mim do que nossas lembranças.

– Estou contigo, és meu companheiro, também não te esqueço, te busco em todos os lugares onde tem um traço seu, lembrança de gestos, imagens. Te procuro sem cessar, vou te procurar e te acharei.

Depois disso, acordei com xingamentos que me diminuíam, era só mais um dia que iniciava. Eu estava vulnerável e inseguro na prisão. Fiquei pensando no que sonhei, será que ela pensou que tinha outra maneira, a não me agarrar nas suas lembranças? E se foi tudo engano, que ela nem se recorda de mim e tem outro? Comigo naquela situação era assim, tudo ou nada. Realmente estava ficando esquisito, equilíbrio não existia no meu vocabulário. Fechei os olhos e a vi mulher, então lembrei de suas palavras "te acharei", e isso me acalmou.

A minha cela ficava em um lugar isolado, com um corredor imenso e, no final, uma janela não permitia enxergar o tempo lá fora. Mas aquela manhã era possível ouvir o barulho das trovoadas, ia chover. Isso me levou à minha infância, o dia que observei a chuva, com olhos atentos, o momento que tive um pequeno espetáculo. A primeira vez que a vi, minha pequena. Que vontade de estar livre novamente, sentir a água no rosto, molhando a roupa, o cheiro da terra ao redor, gritar, correr, abraçar o mundo.

O temporal que se iniciava veio forte, o barulho da chuva ficou mais forte que o da gravação. Tive um tempo de descanso mental. Foi quando iniciei uma oração.

"Deus, sempre presente em minha vida, ouça as minhas preces, estou perdido em um lugar escuro. Eu, em outros momentos, te procurava para agradecer e celebrar a vida. Agora te procuro para pedir. Bondoso Pai Celestial, olhai o seu filho, não me abandone, me sinto distante de ti porque nego-me imaginá-lo neste lugar de privações e maus tratos. Poderoso Pai, livre-me desse cárcere, só hoje tive a oportunidade de orar sem interrupções de vozes. Sei que me ouves e atenderá minhas súplicas, louvado seja o criador do Universo, que está presente na minha vida e, neste momento, virá em meu auxílio. Amém".

A minha força interior se recarregou, o resto dos momentos de paz que tive me imaginei longe dali, em liberdade, procurando pessoas que amava, abraçando-as e, sem explicações, poder simplesmente contemplar estes momentos.

Vivian veio ao meu encontro e, nesses instantes mágicos, ficamos observando um dia de chuva em frente ao mar. Algo me dizia que teria mudanças na minha vida, o silêncio que fazia era divino. Sonhei com liberdade em pensar o melhor, o Universo a favor, sobreviver à prisão e ser feliz.

A chuva que assolava a cidade trouxe descanso à minha cabeça, agradeci mais uma vez a Deus. A noite chegou e veio o jantar, a gravação deu defeito técnico, havia acontecido outras vezes, mas logo consertaram, estavam mesmo dispostos a me fritar, jantei com uma paciência tirada da alma. As vozes voltavam amenas, mesmo que sem gravação, agora atormentavam a minha mente, às vezes era possível sentir a diferença das que vinham da minha cabeça e as que faziam parte do mundo externo, eu tinha notado este fato há algum tempo, mas aquele momento era de paz, procurei lembrar da oração e assim terminei aquela noite.

No dia seguinte me acordaram, colocaram-me dentro de um carro e saíram rodando pela cidade. Faziam as mesmas perguntas de sempre e durante o trajeto pensei que iam me matar. Lancei o meu olhar pela janela do carro, via as pessoas caminhando pelas calçadas, o sol brilhava, tudo parecia tão normal, a vida seguia, apesar do meu sofrimento. Quem se lembraria de mim naquele momento? O que as pessoas que me são caras estariam fazendo naqueles instantes? Isto me conformava, eu estava pronto para prosseguir e tudo seguiria, era natural da vida. Até que um dos homens falou:

– Saia daqui e não olhe para trás.

Me tiraram do carro e me deixaram seguir em frente, em um lugar descampado, longe da cidade. Fui caminhando até o centro, olhares me perseguiam, vozes anunciavam a minha chegada. Nessas alturas da vida não sabia se era coisa da minha cabeça ou se realmente estavam me seguindo. Procurei pensar em partes, primeiramente agradecendo por estar livre e depois, pensando em quem deveria procurar, que não iria levantar suspeitas. Decidi ir para a casa de meus pais e assim o fiz. A saudade era imensa, mas tinha que ter alguns cuidados. Depois de horas caminhando, cheguei à alameda onde moravam. Lá encontrei a árvore que segurou meus lamentos, a abracei e relembrei do gesto que tive anos atrás. Segui sentindo de volta a nostalgia do passado.

CAPÍTULO 6
LIBERTO

Parei em frente ao sobrado onde morava Vivian e me recordei da primeira vez que a ouvi tocar piano, virei o meu corpo e fiquei de frente para a casa dos meus pais. Abri o portão e toquei a campainha, minha mãe abriu a porta. Perplexa em me ver, ela me abraçou e chorou, agradecida muito a Deus. Meu pai não estava em casa, uma empregada cuidava do almoço, ficamos abraçados por minutos. Pedi desculpas por fazê-los sofrer, se tivesse jeito de poupá-los o teria feito, ela dizia que nunca perdera a esperança de me ver novamente e, então, pediu que contasse o que havia acontecido, pois eles me davam como desaparecido e a polícia não dizia o que tinha feito comigo, contavam apenas que eu tinha praticado crimes contra o Governo e não sabiam do meu paradeiro.

Contei que fiquei preso, mas sem dizer das torturas. Vivian estava perto, em silêncio, só se manifestava quando ouvia vozes me agredindo. Eu nem acreditava no que estava acontecendo. Mais tarde chegou meu pai, em lágrimas, dizia:

– Filho, eu sabia que voltaria.

Nos abraçamos e conversamos durante horas sobre o que acontecera, agora eu sabia que havia ficado dez meses na prisão. Suas vidas foram vasculhadas, perguntaram a conhecidos intimidades sobre mim, queriam descobrir de qualquer maneira qual era o meu envolvimento com os comunistas. Os procedimentos eram assustadores, chegaram a saber dos pais de Vivian, mas, por incrível que pareça, não ligaram uma coisa à outra, só interrogaram as pessoas certas, os que esconderiam o motivo que me fazia simpatizante dos comunistas.

Dormi aquela noite no meu quarto, na casa de meus pais, eles colocaram a minha mudança lá, depois que fui preso. O silêncio, sem zumbidos na minha cabeça, me fez ter o sono dos deuses. Pela manhã abri a janela, olhei para o sobrado em frente, que estava abandonado e pensei na remota possibilidade de tocar o telefone e ser ela. Aos poucos eu ia perdendo as esperanças, porque parecia que me seguiam, poderia ser da minha cabeça. Mas, sem certeza, eu não arriscaria. Me aprontei, vesti as roupas que estavam no meu guarda roupa, senti aquele cheiro de café vindo da cozinha, boas lembranças. Desci, cumprimentei mamãe, meu pai saíra mais cedo. Conversei com ela para acabar com a saudade. Que conversa adorável, perguntei sobre vovô, as notícias eram que ele estava adoentado e provavelmente iria se tratar na capital. Que bom que ele viria, pensei, adorava a companhia de meu avô.

Mas meus planos eram arranjar um emprego, comprar um apartamento e me mudar. Não sabia se ia continuar a minha procura por Vivian, mas precisava tocar a vida em frente. Enquanto eu tivesse a sensação de estar sendo seguido, ficaria inerte.

Eu ficava com um pouco de medo de dar uma volta e eles me capturarem novamente, mas tinha que enfrentar esse pânico. Vesti um moletom, camiseta e tênis e fui caminhar a pé até um parque onde eu costumava passear aos domingos. No caminho, cantarolava uma música, assim as vozes, mesmo que por poucas horas, dispersavam. Durante o caminho ia pensando, eu sinto que estava acompanhado, ela caminhava comigo. No meu pensamento, acostumar com a ideia de que não iria revê-la novamente, destruía o que restava de mim, depois desses meses de prisão. Porém, procurei ser positivo, estou livre e o pior já passou.

Cheguei ao parque, procurei a sombra de uma árvore e fechei os olhos. Minha respiração ficou ofegante, eu buscava ar. Mentalizei coisas boas e, calmamente, voltei a pulsação normal. Meus olhos se encheram de lágrimas, voltei caminhando lentamente.

Na manhã seguinte tirei a barba, cortei o cabelo que cresceram durante a prisão e telefonei para Letícia, que vibrou quando soube que tinha voltado e, no mesmo dia, me visitou.

– Meu amigo, que saudades! – Ela me abraçou forte e com a voz embargada disse – Onde você estava, que fizeram contigo? Tive medo de pensar que poderia não te ver mais.

A levei para o quarto, onde poderíamos conversar e poupar mamãe dos detalhes, mesmo assim iria contar só as partes mais leves. Não me sentia à vontade em revelar o meu sofrimento.

– Me pegaram enquanto ajudava um militante de esquerda, não tinha o que tirasse o foco dos militares, para eles eu era um membro da luta armada.

– Não gosto de pensar assim, mas por esse motivo eles poderiam ter acabado contigo.

– Acho que me usaram feito isca, para falar a verdade até hoje fiquei sem entender o que queriam comigo. Nós sabemos que, por muito menos, outros se foram.

– Te torturaram?

– Um pouco, gostaria de pular essa parte.

– Desculpa. Me interrogaram sobre você, eu disse apenas que você estava envolvido com uma pesquisa com Ferdinando. Esse era o único interesse com comunistas. Falei de sua rotina na universidade, do seu trabalho, das pessoas que tinha contato, falei muito?

– Acho que não, imagino a delicadeza e o tempo que levou essas perguntas, aposto que te assustaram, fez o melhor, falou o que poderia ser dito.

Ficamos conversando sobre o que tinha acontecido nos meses que ficavam para trás. Poderia sentir nos seus olhos a emoção que ela estava passando ao me ver novamente. Letícia era uma amiga especial, perguntou-me se descobriram algo sobre Vivian e eu contei que, se tivessem descoberto, teriam outras perguntas ao me interrogar. Tenho certeza que dessa consegui escapar, poupei de falar sobre as vozes, mas ela tinha uma curiosidade que não conseguia calar.

– E a sua cabeça, continua vendo a Vivian?

– Continuo, ela estava presente nas horas difíceis.

– O que ela dizia?

– Me confortava, queria que eu tivesse perseverança e que aqueles eram apenas momentos passageiros, que minha vida era maior que tudo aquilo e eu era absoluto, frente aos problemas que passaram.

– Ela realmente tem o poder de te deixar melhor, essa história me impressiona.

Depois disso, ligamos a alguns conhecidos e marcamos nos encontrar, com desejo de celebrar.

Naquela mesma noite saímos para comemorar com vários colegas. O meu amigo Rodolfo estava emocionado com a minha volta, conversamos sobre vários assuntos leves, deixamos para trás o que passou e, melhor, me indicou uma construtora que estava precisando de arquitetos em início de carreira, era a minha chance de voltar ao mercado de trabalho.

Mesmo tendo sido preso político, aquela noite exagerei um pouco na bebida, mas consciente, Letícia e Vivian me levaram para casa. Tinha muitos receios na minha nova vida, após a saída da prisão, com todos os meus fantasmas, mesmo assim eu tinha que prosseguir. O mundo não parou por minha causa ou pela minha doença.

Na mesma semana, após ter conversado com Rodolfo, fui até a construtora indicada e consegui o emprego. Agora eu tinha trabalho para ocupar minha mente. Não comentava com ninguém sobre as vozes, Vivian continuava presente no meu pensamento, o que me aliviava, pensava que nem tudo estava perdido. Mas o meu jeito de viver ainda era complicado, optei por não procurar Vivian enquanto esses fantasmas povoavam a minha cabeça. Esquecer o que me moveu foi muito triste, de repente o sonho de uma vida deixaria de existir. O meu caminhar era diferente, mais lento, a forma de expressar teve mudança, a minha alma estava doente, simplesmente sem reação à alegria de viver. Fiquei pensando que tipo de homem eu era, que não conseguia me levantar. Tantos anos sobrevivi sozinho, mas tinha objetivos e, agora, era justo deixar todo essa carga com ela e me eximir de culpas? Precisava sobreviver a esta dor, mas eu perdera a minha vida para ela e eu não conseguia. Naquele espaço, não teria outra e era preciso saber viver nesta condição.

CAPITULO 7
PALAVRAS

Em uma manhã fria me aprontei para o trabalho, agasalhado sai de casa e peguei o meu carro modesto, que foi o que deu para comprar com minhas economias. No trajeto fui ouvindo música, sem querer me peguei pensando se Vivian ainda tocava piano. Pensei, em um sopro de esperança, que agora dependia dela se nos veríamos novamente.

Faziam poucas semanas que eu estava trabalhando, mas naquele dia senti uma vontade imensa de ir para casa mais cedo. Procurei me concentrar nos meus desenhos e deixar a vontade passar e, assim, o fiz. Antes de sair recebi uma ligação de minha mãe, perguntou-me se demoraria para chegar e se iria direto para casa, respondi que no horário de sempre estaria lá e perguntei se algo tinha acontecido, ela disse que tinha uma visita muito especial para mim. Meu coração disparou, mas não quis saber quem era, preferi me agarrar nos minutos que faltavam a saber, imaginando ser quem eu desejava.

No caminho, liguei o som e fui ouvindo música, pensei que deveria ter perguntado quem era, assim não me iludia. Paciência, pode ser algum amigo de infância, a voz de minha mãe denunciava certa alegria. Tudo bem, pensei, logo acaba o suspense.

Cheguei, parei o carro na calçada, abri o portão e, na garagem, desliguei o rádio e continuei cantarolando a música que ouvia, fui calmamente até a porta de entrada, estava nervoso, abri a porta e minha mãe veio me cumprimentar, enquanto a abraçava vi uma mulher nos olhando da sala de estar. Então disse:

– O que houve mamãe, porque tanta euforia?

– Venha, quero te mostrar quem veio te ver.

Ela pegou na minha mão e me levou até a sala, quando enxerguei quem era, me faltaram palavras. O nervosismo passou, um sentimento de paz veio, estava de frente a minha querida e ela era uma mulher linda. Guardava as sutilezas que lembraram a menina pela qual me apaixonei. Mamãe saiu da sala e nos deixou a sós, ficamos parados somente nos olhando. Uma lágrima rolou do seu rosto, eu me aproximei e a enxuguei emocionado, perguntei:

– É você minha amada?

– Sim, meu querido.

Nos abraçamos, ela chorava, eu dizia:

– Não chore, estou aqui, sempre esperei esse momento.

– Meu Guilherme, nada irá nos separar novamente.

Depois de nos abraçarmos, segurei suas mãos, a olhei nos olhos e contemplei a visão mais linda.

– Querido sou eu, Vivian. Estamos juntos? Diga-por favor.

– Fique calma, estou aqui, nada irá nos separar novamente. Procurei por você todos esses anos, todos os dias que ficamos separados pensei em você, não houve um só dia sem lembrar de nós.

– Acho que estou passando por cima dos fatos, mas sua mãe me disse que você não tem ninguém. Desculpe a emoção, pensei em mil palavras comedidas para lhe falar nesse momento. Mas te vi, o meu namorado, só poderia ser meu. Mas diga, vou entender se tiver outra.

– Claro que não – respondi.

– Então ótimo, estamos namorando novamente.

Sorrimos e nos abraçamos mais uma vez.

Estava curioso para saber o que realmente havia acontecido, mas era basicamente o que eu sabia, ela me contou que as minhas pistas estavam certas. Conforme suspeitas, não me procurou para evitar complicações do governo com minha família. Depois de falarmos bastante dos nossos desencontros, perguntei sobre seus pais, estavam de mudança para o Brasil e ela estava em um hotel da cidade. Após tomarmos café com mamãe, Vivian disse que tinha algo que me pertencia no hotel, vindo de Londres. Fazia frio, mas o calor da felicidade era maior, saímos era tarde da noite. Fomos de carro até um pedaço, depois seguimos caminhando. Fiquei observando o seu andar e, de mãos dadas, fomos pela calçada. Era a sensação mais difícil de explicar, mas é como se tivesse ganhado um presente da vida, algo que o completa, encontro abençoado por Deus, divino, todo o tempo é suportável. As horas passam brincando, a vida tem mais cor, viver se torna encantado. A Vivian dos meus pensamentos deixou de aparecer naquele dia. Seria para sempre? Agora ela estava de corpo e alma comigo, fiquei sem porque me lamentar. Algumas vozes ainda me atormentavam, mas foquei no momento especial que estava vivendo. Chegando no hotel, em seu quarto. Vivian disse:

– Guilherme isto lhe pertence.

Ela me mostrou uma caixa repleta de envelopes contendo cartas, todas endereçadas a mim. Apesar de estarrecido, fiquei tonto de tanta alegria, os meus pensamentos de todos esses anos foram correspondidos, eu estava acompanhado. Sem ilusões arrancadas de uma só cabeça, era uma troca de sentidos. Aquele estava sendo um dos dias mais felizes da minha vida. Vendo a minha euforia, ela disse:

– Uma carta por semana, durante anos que estivemos afastados. Contam sobre tua presença na minha vida, todos os passeios que gostaria de ter dado contigo, as minhas aflições, meus momentos de absoluta saudade e tristeza, imaginando você sem mim. Eu te amo e não somos mais crianças, deixa eu novamente fazer parte da sua vida de forma concreta. Nós merecemos.

Peguei um maço de cartas, apertei contra meu peito, sem dizer uma palavra coloquei-o novamente na caixa, segui na direção dela, a segurei pela cintura, aproximei o meu corpo e, com suavidade, passei a mão em seus cabelos e a beijei sem pressa.

Ficamos nos curtindo até a madrugada, nos olhando, trocando caricias e confidências.

– Guilherme você teve namoradas?

– Nenhuma. Tive outras mulheres, mas nunca fiz amor.

– Eu também não tive um namorado, mas foi rápido – ela comentou – foi o engano de te procurar nele, o que achei que encontraria em você, segurança, estabilidade de uma relação, compreensão do que estava passando em minha vida. As opiniões de quem me cercava se dividiam, era perda de tempo apostar em um namoro de infância ou era o que tinha de ser feito em nome da minha felicidade. Sua presença em meus pensamentos, mesmo ausente, sempre foi forte, nesses longos anos que estivemos separados.

– Comigo foi diferente, meu corpo precisava de você – eu confessei – Mas nunca transei com outra mulher pensando em ti. Porque assim me envolveria, o que queria com as outras era encontrar, amar tinha que ser contigo. Meus pensamentos me levavam ao seu favor e o meu corpo reagia te desejando cada vez mais. Foi complicado para mim, mas fiz esta divisão sem perceber.

Naquela noite optamos por ficar apenas na troca de carinho e decidimos almoçar juntos no dia seguinte. Me despedi a custo de Vivian e fui embora caminhando sobre nuvens. Jamais uma noite em minha vida havia sido tão acolhedora e quente. As vozes me perturbavam, me colocando contra a minha namorada, mas era menor, vivi tantos transtornos para ter esse momento que, esse verdadeiro transtorno mental não me atingia.

Chegou o dia seguinte, mal consegui dormir, levantei feliz. Fui para o trabalho e almocei com Vivian. Combinamos com Rodolfo e Letícia um jantar. Ela queria saber o que aconteceu no Brasil e comigo. Eu relutava em lembrar detalhes, mas uma hora seria inevitável, cedo ou tarde ela saberia o que acontecera comigo. Por este motivo, ao combinar com Rodolfo e Letícia, me antecipei e disse que alguns momentos eu ainda não havia relatado, como a minha prisão, mas o resto sim. Nós não tínhamos tido tempo de dizer alguns fatos de nossas vidas com a Ditadura no Brasil. O que eu queria mesmo era uma noite especial, compartilhar alegria com as pessoas que me eram caras, deixando de lado o sofrimento.

Na noite do jantar, antes de buscar minha amada no hotel, tive a aparição da Vivian dos meus pensamentos, dizendo que partiria. Foi embora e me deixou a pensar o que esta luz é na minha vida. Será que um dia conseguiria entender estes mistérios? Agradeci a Deus pelos últimos acontecimentos e decidi conversar mais com ele daquele momento em diante.

Era inverno em Curitiba, nós quatro estávamos em um restaurante aconchegante na capital. Parecia cena de filme, a alegria de todos lembrava o fim de uma história conturbada. Entre uma taça e outra de vinho, me prendia em olhar a minha amada, nos fitávamos como antes de nos separarmos, Letícia notou nossos olhares e disse nunca ter visto casal mais apaixonado. Sorrimos, eram os nossos primeiros momentos de paz depois do ocorrido. Ansiosos, fazíamos perguntas sobre a vida em Londres. Vivian havia se formado em música e participara de alguns recitais na Europa, o seu instrumento de estudo era o piano, para a minha alegria, que ultimamente escutava pouca música. No Brasil, demos conta de relatar os últimos momentos de Ditadura em nosso país. Terminando o jantar, nos despedimos dos amigos e seguimos para o hotel.

Sozinhos no quarto, segurei firme nas mãos de Vivian e disse:

– Quero você.

– Sou tua, nunca fui de outro homem.

Tirei o meu casaco, o ambiente estava quente com o aquecedor, o momento era acolhedor. Ela tirou seu sobretudo e estava com uma blusa branca e calça preta. Tirei minha camisa, em seguida sapatos e meias, lentamente a ajudei tirar os saltos, daquele momento em diante a observei se despindo, maravilhosa, eu me livrei do que restava de roupa, ela já estava sem nada.

Beijei suas mãos, sua face, aproximei o meu corpo ao dela e o levei até a cama. Sentados, nossas pernas se cruzaram de maneira que podíamos ficar nos olhando enquanto nos amávamos, sem pressa, o tempo pareceu parar. Os sons, as trocas de carinho, a aceitação de um para com o outro, era a primeira vez que eu andava nesses caminhos. O auge, o paraíso na terra, eu estava amando e sendo amado. Descobrimos nossos corpos, nos desejamos várias vezes. Observar sua expressão sentindo prazer, me confirmava que, sem dúvida, ela era a mulher que me completava.

No dia seguinte, acordamos no mesmo momento, nos olhamos e sorrimos. Eu já estava no trabalho quando Letícia ligou, comentou sobre a noite passada e também sobre a Vivian dos meus pensamentos.

– Ela partiu, mas quem sabe, ela nunca irá me deixar. Mas agora tenho a minha amada e sei o que o que é o sexo e o amar.

– Então finalmente aconteceu! E foi o esperado?

– Eu não tinha expectativas criadas, mas foi surpreendente, amei feito um Deus.

– Oh lá, lá! Me poupe dos detalhes – ela disse rindo – Mas Guigo, conte a ela o que aconteceu, que foi preso, antes que saiba por outro alguém.

– Sim Letícia, eu vou contar. Foi bom conversar com você, até mais.

– Até amigo! E viva a felicidade!

– Viva!

A sensação de estar sendo seguido a meses me abandonara, não me importava se sim ou se não, mas as vozes ainda povoavam a minha cabeça. Eu não consegui imaginar a melhor maneira de dizer a Vivian o que eu tinha sofrido pelo nosso amor, que dor seria saber deste fato. Mas decidi ser honesto com nosso relacionamento.

Naquela mesma semana, no sábado, a convidei para irmos em um restaurante colonial, afastado da cidade, daquela correria da metrópole. Chegando, passeamos pelas ruelas de calçamento rústico de pedras, andamos a cavalo, tomamos um café delicioso com um aroma que embriagava os sentidos dos sabores. Depois descansamos em uma varanda, onde podíamos contemplar boa parte da chácara, então iniciei o assunto.

– Minha amada, preciso lhe dizer algo, que ainda não lhe contei sobre esses anos que passamos afastados.

– O que aconteceu?

– Fui preso político, passei quase um ano detido.

– Você me contou que procurou por mim. Foi este o motivo? Muitas vezes se arriscando, foi aí que lhe apanharam? – Ela perguntou, preocupada.

– Na verdade, enquanto procurei por você não deixei um fio desencapado. Mas minha consciência falou mais forte, achei que devia e socorri um militante armado e ferido, fui preso em flagrante.

Vivian abaixou os olhos, com lágrimas e me pediu perdão.

– Me perdoa meu querido, em todos esses anos aguardei com paciência, tirada sabe Deus de onde, o momento de te procurar. Me envolvi em movimentos culturais a favor das democracias, acompanhei, mesmo de longe, o que acontecia no Brasil. Mas me perdoa, não pude fazer mais que isto, para não comprometer os envolvidos e não pude evitar que fosse preso.

– Procure ver de outra forma, eu não tinha saída. Viver sem você e não tentar nada era sofrimento maior, a distância me castigou, sem conseguir ficar inerte, reagi. Fui preso por lutar, é diferente. Isto não me deixou traumas, porque tinha certeza que valia. Estou tendo a resposta e, se me perguntar se faria novamente, tenha a convicção de que sim.

– Meu Guilherme, me conta o que te fizeram?

Segurando em minhas mãos, perguntou-me se me torturaram.

– Me assustaram muito, basicamente me amolavam, não tinham provas contra mim.

Escondi de todos que haviam me castigado mentalmente e para ela é que eu não contaria.

– Chega, vamos mudar de assunto, não queria te contar, mas você poderia saber por outras pessoas, desculpe-me se lhe preocupei.

– Sou sua amada, não sou? Então conte comigo, não me proteja de você, te quero inteiro.

Nos abraçamos e ficamos assim por um bom tempo, trocando olhares sem palavras, o silêncio pediu espaço, nos curtimos.

No dia seguinte, Rodolfo me ligou, sabendo que procurei notícias sobre Osmar, aquele homem que havia sido preso comigo, contou-me que, milagrosamente, ele estava vivo, dizia que um dia gostaria de agradecer pessoalmente tudo o que fizera a ele. Por instantes lembrei daqueles momentos dramáticos da minha vida, depois passou, pensei que merecia ser feliz e colocar uma pedra sobre essas passagens.

A semana começou, uma onda de positividade veio sobre mim. Fechei um contrato que me possibilitaria a construção da nossa casa, não me continha de felicidade. Contei a Vivian dos meus avanços e a pedi em noivado, até a casa ficar pronta para nos casarmos. Fiz o pedido onde eu estava morando, na presença de meus pais, dei a ela um anel solitário que teria, em breve, a companhia de uma aliança de matrimônio. Ela estava radiante, eu vivia dias de muito trabalho. Fiz o projeto de nossa casa e, eufórico, fui mostrar o desenho.

– Aqui ficará a sala de três ambientes divididos por arcos, com uma aconchegante lareira, aqui a cozinha, do outro lado as suítes e o banheiro – fui apontando para ela visualizasse tudo – Aqui a dependência de empregada, área de serviço, garagem e quintal.

– Querido, quantas suítes?

– Três.

– Essa é a maneira de me dizer que quer ter filhos?

Sorri.

– De começo, dois está de bom tamanho, um casal quem sabe!

– Eu quero um menino, com os olhos azuis, como os olhos do pai.

– Torço por uma menina. Vivian, essa será a nossa primeira casa, com o tempo construiremos outra. Mas para o nosso começo, ela será aconchegante e espaçosa, comporta bem nós e nossos filhos. Além do mais, estou com pressa para nos casarmos.

– Sério? Apressado.

– Não gostou?

– Gostar não, amei! Esse será o nosso lar. Mas só tenho uma pergunta a fazer: e se meu corpo se transformar depois de te dar filhos? – Com um leve sorriso, ela perguntou – Você continuará me admirando, como faz?

– A idade chegará para nós dois, mas prometo me esforçar – respondi rindo e me protegendo.

Estávamos em estado de graça, nos abraçamos.

Trabalhei muito nos meses seguintes, projetos me rendiam um bom dinheiro e junto, o andamento da construção da nossa casa. Mal tinha tempo de conversar com meus pais, até que, em uma manhã, vovô chegou.

Que alegria tive em revê-lo, de cabeça branquinha igual a algodão, bengala e andar vagaroso. Meu avô me lembrava da minha infância feliz, muitos desses momentos proporcionados por ele. Nos cumprimentamos e conversamos sobre esses bons tempos. Mamãe preparava o café, que momento de plena alegria em minha vida, parecia ter voltado no tempo. Me lembrei que, naquela época, me sentia acompanhado, nunca estava sozinho, interessante isto. Lembrei que gostava de ler, orar e brincar que trabalhava.

Naquele dia tirei uma folga e saí passear com meu avô, ele me pediu que o levasse na Igreja. Achei uma ótima ideia, pois fazia tempo que eu não visitava a casa do senhor. Chegando lá, ficamos em silêncio, ele sentado e eu de joelhos, nos entregamos às orações.

"Bondoso Pai Celestial, hoje vim em sua casa agradecer, aos bons acontecimentos de minha vida. Lembro-me naquele dia chuvoso na prisão, que em desespero supliquei por vós e fui atendido, fica nesta igreja registrado o meu agradecimento eterno. Senhor, sempre tive sua proteção, lhe sou grato, agradeço pela minha família constituída e pela qual logo construirei.

Minhas preces são poucas perto dos milagres que realizastes em minha vida, mas receba o que vem do meu coração, o reconhecimento que vós transpôs obstáculos e me mostrou o caminho, a verdade. Que a ingratidão não ronde meus pensamentos, mas sim, possa eu dizer quantas vezes for necessário sobre a minha fé. Obrigado Jesus. Amém."

Acendi uma vela, ficamos mais uns minutos refletindo com a paz daquele momento, em seguida fomos embora. Vovô disse ter renovado suas forças, quanto a mim, estava mais leve.

Chegando em casa almoçamos, logo depois Vivian chegou pois iriamos visitar alguns apartamentos. Estávamos com o intuito de alugar um em que pudéssemos morar até nossa casa ficar pronta. Encontramos um que cabia em nossos planos, com uma bela vista do alto da cidade. Fechamos negócio e, nos dias seguintes, compramos o básico para ter em uma casa. Uma vez que era nossa morada provisória, no dia que estavam chegando os móveis, um baú chamou atenção dela.

– O que vamos guardar neste baú?

– As cartas que você me escreveu.

– Você já leu alguma?

– Quero ler com você perto, não quero ter a sensação de distância novamente.

– Mas elas estão aqui?

Busquei a caixa em que estavam as cartas e as transferi para o baú. Depois que chegaram os móveis e o apartamento estava arrumado, sentamos no sofá que dava de frente a uma janela com vista para a cidade.

– Vamos ler algumas cartas – eu disse:

– Quer que eu leia?

– Quero.

Vivian pegou uma e iniciou a leitura.

– Meu Querido, feliz ano novo!

Ela leu a carta inteira e pegou outra.

– Guilherme meu amado, hoje faz 5 anos que não nos vemos – ela terminou a segunda e pegou a próxima – Olá! Paixão, me lembrei de nós paquerando no colégio...

Ela leu para mim essas três cartas, fiquei imaginando o que eu estava fazendo nesses momentos, provavelmente procurando um jeito de nos encontrar. Depois tivemos o primeiro jantar no apartamento novo e a nossa primeira noite juntos, em um lugar só nosso.

Na manhã seguinte levantei, ao chegar no espelho do quarto encontrei escrito com batom ‘Bom dia, minha vida! Te amo’, e a marca de um beijo. Adorei o recado, me arrumei e fui comprar pão, na volta ela estava acordada, preparando o café.

– Guilherme, tenho uma novidade queria te surpreender, mas quero compartilhar esse momento de felicidade.

– Diga, estou te ouvindo.

– Consegui espaço em uma casa de cultura, vou apresentar a minha primeira audição no Brasil.

– Maravilhoso! Precisamos comemorar. Mal posso esperar para te ouvir. Antes de te conhecer me apaixonei pelo que você tocava, lembra? Naquela manhã fiquei ouvindo suas primeiras lições, me encanta o que vem de você.

– Tenho o espaço livre hoje, quer me acompanhar ao ensaio?

Era sábado, apesar de ter levado trabalho para casa, não podia recusar o convite e fui acompanha-la.

Chegando no auditório vazio, com um piano de calda no centro do palco, fomos entrando por onde passa o público. Descemos os degraus da plateia, Vivian entrou no palco e foi até os camarins. Eu fiquei deslumbrado, aquele cenário daria belas fotos. A energia que senti naquele lugar foi surpreendente, me lembrava o que sinto quando vou a um colégio, faculdade ou escola. O corredor, as salas de aula, o templo do saber me passa uma vibração boa e o mesmo acontecia com aquele espaço, que me cativou. Subi no palco e fiquei imaginando o nervoso que teria se fosse apresentar algo, que frio na barriga. Fiquei maravilhado com um pouco do universo de minha amada, bem diferente do meu. Ela iria se apresentar a um público que não era pouco. Sempre gostei de teatro, é simplesmente fantástico. Bom, se eu estava nervoso com o teatro vazio, imagina no dia da apresentação.

Vivian apareceu no palco, super a vontade com o espaço.

– Querido, venha conhecer os camarins – ela chamou.

Ela me levou até eles, um espaço digno de estrelas. Algumas lâmpadas em torno dos espelhos, cabideiros, cadeiras confortáveis, penteadeiras com gavetas para maquiagem, tudo muito acolhedor. Saímos dos camarins e ela me levou aos bastidores, às coxias (as laterais do palco), onde abrem e fecham as cortinas e perto da bilheteria, na entrada mais alta, a cabine de iluminação e som. Depois de percorrer tudo, me acomodei na plateia, tipo fã número um, para ouvi-la tocando só para mim. Confesso que senti um pouco de ciúmes, todos aqueles homens que estariam sentados, contemplando a música e a minha mulher sobre o palco, o que passaria na cabeça deles? Deixei de bobagens e imaginei o quão importante aquele momento era para ela e o pouco que tive de ciúmes foi embora. Lembrei-me que fazia algum tempo que não ouvia vozes, esqueci delas, então não apareciam. Isto é um mistério, vagamente me passou a lembrança de quando me esforçava para ouvir música. Agora estava livre daquele transtorno, mais um motivo que me fazia amar este momento.

CAPÍTULO 8
DESENGANO

Chegou o dia da apresentação, pela manhã comecei a ouvir vozes, que pareciam tomar todo o espaço dos meus pensamentos. Assustado, me afastei de Vivian durante o dia, ela sentiu diferença, ficou sem compreender o que se passava comigo. No final da tarde ela se despediu de mim e disse que me aguardaria no teatro, antes de abrir as portas ao público, conforme combinado anteriormente.

Logo que ela saiu encomendei flores e pedi que entregassem lá. Estava prevendo que não conseguiria ir e foi o que aconteceu. Minha cabeça estava tumultuada, perderia a apresentação de minha amada por um motivo que não saberia explicar. Acuado, num canto do apartamento, respondi as vozes que falavam sem cessar, fiquei horas assim. Tentei reagir, me aprontei para sair, então imaginei que poderia ser pior, eu estava no meio de um surto, poderia causar algum constrangimento. O telefone disparou a tocar, até que imaginando a aflição, atendi.

– Guilherme, porque você ainda está aí? O que está acontecendo? – Vivian me perguntou, preocupada.

– Calma querida, tive um imprevisto, vou chegar em cima da hora. Te assistirei da plateia, não me aguarde nos camarins, depois da apresentação nos falamos.

Vivian ficou notoriamente chateada, mas eu sabia que esta era a melhor atitude a se ter, o problema maior seria inventar uma desculpa pela ausência e eu sei que, quando falava ouvindo as vozes, eu parecia outra pessoa. Seria complicado me calar.

Eram nove horas, ela está no palco neste momento, a minha vontade de estar lá era tamanha que era difícil de mensurar. E quando ela me procurar pela plateia, o que fazer? As vozes foram cessando, assim pelo menos conseguiria conversar normalmente, corri até uma farmácia e comprei remédios para enxaqueca. Esta seria a desculpa, dor de cabeça.

Fiquei melhor, a apresentação terminara, não iria chegar a tempo de sequer ir buscá-la, então resolvi aguardá-la em casa. Arrasado, iria doer em mim ver a frustração dela por não me ver participar daquele momento especial.

Ouvi o barulho da porta de entrada, Vivian abriu a porta com um buque de rosas vermelhas em uma mão e as pastas de partitura na outra. Letícia veio trazendo mais flores, me cumprimentou e, em seguida se despediu, tinha um amigo aguardando-a na portaria. Estávamos a sós. Perguntei-lhe:

– Estas são as rosas que lhe mandei?

– São. O que aconteceu? Você tem uma explicação?

– Eu tive uma enxaqueca devastadora.

– Estou perguntando porque, nessa manhã, você se afastou de mim. Por que não conta a verdade? Tenho confiança em ti. Diga-me, tem alguma coisa errada que lhe fiz?

– Tive que passar em uma obra com problemas, era urgente.

– Em pleno sábado! Certo Guilherme, vou tentar acreditar no porquê de sua ausência, quando confiar em mim, estarei pronta para ouvi-lo.

O silêncio maltratava o ambiente, calmamente ela retirou o plástico do buque e acomodou as flores em um vaso. Ficamos sem nos falar por algumas horas, até que fomos para a cama. Ela virou-se para o lado oposto o qual eu estava, eu a abracei pelas costas, disse ao seu ouvido que a amava. Ela me correspondeu segurando os meus braços e dormimos assim, abraçados.

Eu estava com medo que a crise voltasse. Comecei a achar que Vivian não merecia um homem com defeito, pois sabia que as vozes voltariam. No domingo ficamos bem, por mais chateados que estivéssemos, passamos o dia ouvindo música, depois cada qual foi para um lado, nos entregando à leitura.

Na segunda recebi uma ligação de Letícia, preocupada comigo, combinamos de nos falarmos pessoalmente. Mais tarde, no escritório, conversamos na sala, de porta fechada.

– Não sei o motivo de tua ausência, mas foi triste, Vivian procurava por você entre rostos estranhos e sorria tentando disfarçar o quanto estava chateada. No final da apresentação encheu os olhos de lágrimas. Deu desculpas pela emoção, ficou o tempo todo com o buque que você mandou nos braços. Tentei amenizar, dizendo que alguma explicação teria, que ela não se precipitasse em chatear-se. Mas diga-me, há?

– Eu surtei, foi um dia infernal, ao colocar os pés pela manhã no chão as vozes me atacaram, fui bombardeado, mal consegui ficar perto dela. Foi notório, me agrediram verbalmente, minha cabeça estava cheia de baboseiras. Não respondi, ouvi calado, caso contrário ela perceberia o que estava acontecendo. Dói tanto me afastar dela que você não imagina, ela sabe que tem algo errado. Talvez esteja pensando que deixei de amá-la. Me ajude Letícia, ela está magoada.

– Conte a verdade, seja honesto, antes que ela sofra mais.

– Seria a solução, se soubesse que não aconteceria novamente, mas acho que estou ficando louco.

– A Vivian dos seus pensamentos voltou? Quem sabe ela possa afastar essas outras vozes. E se você procurar espíritas ou médicos?

– Não, ela não voltou, mas uma centena de vozes interferindo nos meus afazeres, me amolaram até a noite. Depois foram embora, dizendo voltar. Se for procurar auxílio médico estarei longe de Vivian, porque ela não merece um marido louco. Está decidido.

– Guilherme, sofrimento a ela é estar longe de você, tenho certeza que prefere te cuidar do que se separar. Pense, não seja radical, quer que eu conte? Falarei de um jeito especial, ela irá entender.

– De jeito nenhum! Vamos dar tempo ao tempo. Se for insuportável ou se magoá-la novamente, contarei tudo o que tenho passado. Terei a decisão que for preciso.

– Então seja carinhoso, cuidadoso, se você estiver disposto a ela. É o que acredito. Traga-lhe bons momentos, não permita que, em nenhuma circunstância, vocês percam a cumplicidade. Proporcione a ela a felicidade ao seu lado.

– Concordo contigo, obrigado por me ouvir. Por favor, não comente com ninguém o que conversamos aqui.

– Fique tranquilo meu amigo, pense no que te falei, sobre a forma que ela ama você.

Pensei a tarde toda na conversa que tive com Letícia. Meu foco era não fazer Vivian sofrer, mesmo por caminhos tortuosos eu tinha em mente fazer o melhor para ela. Eu estava sofrendo, então decidi apressar as obras de nossa casa, pelo menos estaria pronta se eu a deixasse.

Chegando no apartamento, cumprimentei Vivian com um abraço demorado, nós estávamos muito sensíveis aqueles dias. A convidei para jantar fora e fomos em um lugar propício para termos uma boa conversa.

– Passou bem o dia de hoje? – Perguntei.

– Mais ou menos, parece que estou no meio de uma ressaca moral, algo em mim está triste, tenho certeza que me ama e isto me basta. Mas estou com medo de acontecer de novo, do nada você mudar comigo. Você ficar distante, será que é mesmo sem motivo? Estou confusa, será alguma atitude minha? Posso passar uma borracha no acontecido, é fácil, mas está faltando verdades.

– Minha amada, tive um problema sério e, ninguém mais do que eu, gostaria de estar na sua apresentação. Prometo que na próxima farei o impossível. Esqueça Vivian, agora está tudo bem, confia querida, só estou procurando poupá-la de infortúnios. Sempre te protegi e, por esta falha, vai deixar de ser aquela mulher segura que amo, acredite em mim.

Terminamos o jantar, fiquei pensando que não era a primeira vez que dizia a ela que não a deixaria na promessa. Eu precisava ser forte, para fazer valer a minha palavra e tinha consciência disso. Fomos embora e, em casa, tivemos uma linda noite, nos amamos. Depois que revigoramos nossas forças, nos separar era algo impossível. Mas a sombra do que se passava comigo ainda me assustava, então resolvi viver um dia de cada vez e foram dias ótimos.

Meses se passaram e a nossa casa estava pronta. Vivian tinha visto, faltando poucos detalhes, mas o presente que lhe daria era surpresa, que tinha aguardado para o toque final. Acertei o último detalhe e, agora sim, ela poderia ver. Eu estava angustiado, então liguei e marcamos de nos ver.

Era dia de semana, eu estava na correria, passei para pegá-la na hora do almoço. Ela estava radiante e fomos felizes no caminho, cantarolando e fazendo planos de decoração. Chegando lá, pedi que ela fechasse os olhos, abri a porta e a guiei até a sala, então disse:

– Pode olhar.

Contrastando com as paredes brancas, ela se deparou com um piano de calda na sala da sua casa nova. Sua felicidade parecia transbordar, ganhei muitos beijos e, ver sua expressão de alegria, seu sorriso, linda como sempre, não tem valor que pague. Eu trouxe uma garrafa de vinho, brindamos e ela tocou pela primeira vez no seu novo piano. Fiquei sentado no chão, ouvindo a mulher da minha vida, o mundo podia parar naquele momento que, para mim, tudo bem. Aquela tarde tirei para nós e ali ficamos até anoitecer.

Aqueles dias foram ótimos, apesar do medo de ser atacado novamente. Pensando nas minhas promessas, marcamos a data do nosso casamento. Faltavam poucos meses para chegar o dia esperado com tanta alegria. As vozes ameaçavam voltar, então tive coragem e decidi enfrentá-las de frente, antes que chegassem de surpresa. A casa estava sendo decorada aos poucos e, antes do casamento, estaria pronta. Escolhi lá para fazer o desafio, cansado de ficar à mercê delas, temendo o próximo surto, por assim dizer.

Era noite, disse a Vivian que estava na nossa casa acertando alguns detalhes. Cheguei, acendi as luzes da sala e lá comecei o diálogo, que pensei, seria monólogo. Mas as vozes se manifestaram, com frases completas, antes eram somente palavras perdidas e desencontradas uma das outras. Pensei, finalmente saberia o que fazer para me defender.

– Vocês estão aí?

– Claro – elas responderam.

– O que são vocês?

– Um pouco de tudo, somos seu inconsciente, espíritos que vagam e as vozes.

– O que querem de mim?

– Te atormentar.

– Porque eu?

– Você tem luz, desde criança nós te acompanhamos. Os anos se passaram e mesmo em momentos desesperados, não perdeu a fé. Isso nos irrita, nunca deixou que nos aproximássemos, mas nós vamos conseguir te atordoar. A vida não é fácil, é diferente do que imaginas.

– Procurem luz divina, deixem-me em paz, porque tanto ódio?

– Inveja. Queremos sua união em ruinas, seu casamento destruído. Não queremos que ame, mas que tenha ódio, queremos te enlouquecer. Estaremos te vigiando, você não tem escapatória, estamos na sua cabeça, ninguém nos pega.

Várias vozes disseram estas palavras. Estendi as mãos para o céu e orei vários Pai Nossos, enquanto isto elas resmungavam.

– Sua noiva é muito para você e, além de tudo, quer se casar com um louco. Não vai fazê-la feliz, idiota.

– Perdi o medo de vocês, suas energias chegam aqui, mas não me alcançam. Estou com Deus e ele está na minha mente, na minha vida e no que me cerca. Seus alardes perderão força. Passarei por esta provação e sairei vitorioso.

Fui embora, até certo ponto chocado, mas entendi que estava travando uma batalha. E se quisesse ser vencedor, teria que dominar a minha mente, porque era lá que elas criavam força. Que Deus me acompanhe.

Cheguei em nosso apartamento, Vivian me aguardava para o jantar, minha cabeça a mil. Disse-lhe que trouxera trabalho para casa, jantei e fui para meu escritório, sem deixar transparecer nada de errado. Eu precisava pensar, em uma questão as vozes tinham razão, eu não poderia casar enquanto vivia nesse tormento. E tão pouco Vivian merecia um marido louco, ou melhor, perturbado dessa maneira. Se eu contasse o que estava acontecendo Vivian não me abandonaria, por mais doloroso que fosse eu tinha que terminar com ela.

Assim tracei meus planos, depois de separado procuraria um psiquiatra, tinha ouvido falar que certos remédios fechavam estes canais de energia, eu tinha em mente controlar estas vozes. Mas precisava colocar em prática a estratégia que montei. No dia seguinte, procurei um padre para pedir sua benção. Passei o dia pensando na vida de Cristo, em seu sofrimento e perseguição. Pedi a ele, porque sei que ele me entenderia como ninguém. A imolação estava prestes a chegar, precisava ser rápido, aquela seria a noite da separação.

CAPÍTULO 9
DOR INDESCRITÍVEL

Cheguei no apartamento, não sabia nem por onde começar, tinha que pedir perdão por promessas que fiz e que, agora, era impossibilitado de cumprir. Teria que ser frio, para evitar a descoberta do que estava acontecendo. Claro, seria inevitável com o tempo, mas era o que poderia ser feito para nos afastar naquele momento. Pensei que se fosse um cafajeste ela logo se libertaria de mim. Assim comecei.

– Vivian, precisamos conversar.

Nos dirigimos até a sala e, com certo desprezo, larguei suas mãos.

– O que houve Guilherme?

Ela estranhou meu gesto.

– Me perdoa, não posso continuar, quero me separar, não vai haver casamento.

Ela ficou estática, com olhos brilhando de lágrimas. Continuei.

– Tenho outra.

– Mentira, você me ama, eu sinto.

– Tenho sentimentos por ti, mas tem outra pessoa na minha vida, que me pressionou e tive que ter esta atitude, não quero te trair mais, escolhi ela. No dia de sua audição ouve um ultimato, se fosse te ver seria a nossa última noite. Fiz a escolha. Você é especial, vai arrumar outro companheiro. Perdão, mas chega.

– Não sei o que está acontecendo, mas é difícil acreditar que o homem que amo pode ser tão frio. Me enganar esse tempo todo, ter outra, deixou de me amar e me diz isso friamente feito quem dispensa uma mercadoria – ela estava às lágrimas enquanto falava – Guilherme, pode ir, não acredito no que vai fazer com a gente, mas está livre, seja qual for o motivo. Só que vai viver este peso, quem desistiu de nós foi você. Qual o motivo desconheço, nego-me a acreditar nessas desculpas que arranjou. Vou te perguntar mais uma vez, o que está acontecendo?

– Por gentileza, se mude para a casa nova, ela é sua, comprarei um apartamento.

– Pode ficar com a sua casa! Quero ver se consegue morar no lar que era nosso. Eu posso passar sem esse sofrimento, viva lá se conseguir. E, por fim, saiba que eu te amo, apenas isto, contra tudo o que me disseste.

– Perdoa, mas estou indo embora, vou para um hotel.

Peguei uma mala, coloquei o que mais precisava e parti sem dizer adeus.

No caminho fui pensando no quanto tínhamos sido felizes, agora vendo sobre outra perspectiva, causava desalento. Quando eu era menor existia solidão, mas eu sabia que alguém me acompanhava, era o futuro com minha amada. Mas agora, depois de encontrá-la e perdê-la para a doença, era um sentimento devastador. Eu estava sem rumo, pois ao mesmo tempo que brigava para me manter ativo, existia outra corrente dentro de mim me fechando ao mundo.

Levantei no dia seguinte à procura de psiquiatras, escolhi uma das melhores da cidade, nosso encontro me deixou revigorado. Ela, assim como eu, acreditava que poderia ter interferência perturbadora. O meu tratamento seria a base de remédios, com o intuito de controlar as vozes. Nós não sabíamos o grau de comprometimento, levaria um tempo até acertar os medicamentos. Eu tinha em mente escapar do surto que, ao mesmo tempo, sentia que estava se aproximando. A doutora me disse:

– Se vier um surto, aconselho internamento.

Em imediato ouvi uma voz.

– Depois que entrar no hospício, você não sairá, nós garantimos isso, acredite.

Não prestei atenção, continuei a conversa e falei a doutora.

– Posso ficar violento, sinto isto, talvez seja o melhor a se fazer.

– Se os medicamentos não agem no primeiro momento é o que se tem a fazer. Não se desespere, lá você terá uma medicação mais forte, calculo que vai dominar o surto. Terá efeitos colaterais, poderá tontear, sentir sono em demasia, depende da maneira que o seu organismo reagirá. Mas tenha esperança Guilherme, pela sua lucidez de agora penso que conseguirá dominar essa doença.

Conversamos um bom tempo, relatei os fatos da minha infância até os dias atuais. Não escondi nada, foi confortador ter alguém que soubesse de tudo, um profissional que me auxiliaria nos piores e melhores momentos, fiquei esperançoso.

Depois que acabou a sessão, fui embora pedindo a Deus para não enlouquecer. A minha cabeça era uma caixa de surpresas, nem eu imaginava o que poderia acontecer.

Passei aquela semana me observando, em um desses dias recebi Letícia, que dizia estar aflita para conversar comigo. Chegou no meu quarto de hotel e não fez rodeios.

– Guilherme, até quando acha que vai enganar Vivian com a desculpa que tem outra?

– Pouco tempo, se é que a enganei. Precisava me separar e esconder, pelo menos provisoriamente, o motivo.

– Então qual o motivo, me diga, surtou? Ela está arrasada, por que magoá-la assim?

– Estou com problemas mentais, posso surtar a qualquer momento, não quero que ela me veja assim. Ainda busco me conhecer melhor, quero ela longe desse desastre que pode se transformar a minha vida. Mal calculo a dimensão da minha doença, pode ser que eu enlouqueça e nunca mais volte ao normal, é um mistério. Agora, lúcido, quero apenas que ela siga adiante e me esqueça. Dessa vez não estou preparado para ela, foi preciso a separação, enquanto ainda estou consciente.

– Confiança, tenho certeza que sairá desta, que triste vocês, desculpa, não sei o que dizer. E quanto a mulher que você ama, ela precisa saber a verdade.

– Ela saberá com o tempo, foi o jeito de fazê-la sentir raiva e afastá-la.

– Ela não acreditou, Vivian sabe que o motivo é outro, está sentindo muito, o que eu faço? Devo dizer a verdade?

– Por enquanto não, se eu estiver internado, pode lhe contar. Assim terei certeza que ela não me verá doente. Faça o que estou pedindo, sei que é minha melhor amiga.

– Certo, darei uma desculpa, quem dera que seja convincente.

Letícia foi embora chocada.

Naquela mesma semana as vozes começaram a me atacar, ameaçando invadir o meu mundo.

– Faça o que mandamos ou nós não iremos embora. Somos contra você sozinho. Queremos obediência absoluta, se curve, se humilhe e nós te daremos leves descansos.

As ameaças eram constantes, enquanto o clima não ficava tenso elas continuavam atormentando, iam chegando aos poucos. Metade do dia era assim, eu as deixava falando sozinhas, passava por cima. O pior seria quando se apoderassem enquanto eu estivesse acordado.

Que saudades eu sentia de Vivian e dos momentos que tive com ela. Ao menos isto havia ficado, eu não perdera a lucidez dos fatos. Continuava trabalhando, encerrando meus projetos, sem aceitar mais nenhum.

Em uma noite de luar, caminhei pela cidade que já adormecia, chamei por Vivian, ela dos meus pensamentos respondeu:

– Querido, estou com você, tenha convicção que se libertara, tenha fé, não se entregue.

Ela caminhou ao meu lado se misturando às luzes na metrópole.

No dia seguinte, logo pela manhã, Vivian me liga dizendo que precisava conversar comigo. Apesar de não conseguir evitar o encontro, me preparei para o momento. Eu estava com uma aparência cansada, nos vimos no escritório.

Ela estava de branco – a cor que ela sabia que eu adorava vê-la usando –, linda como sempre, os cabelos presos do jeito que eu gostava, irresistível, ficava ainda mais doloroso ignorá-la. Chegou assim e estendeu a mão para me cumprimentar, retribui o cumprimento. Eu querendo ser breve, iniciei o diálogo.

– Tudo bom, se for sobre minhas coisas no apartamento, pegarei tudo o que for meu no final de semana. Desculpe a demora, mas não tive tempo de correr atrás disto antes. A propósito, ficou com a casa? Nós dois a construímos, mude-se para lá, será desperdício se desfazer de uma obra tão bonita.

Ela continuava em silêncio, apenas me olhava, com olhos de quem procura enxergar além do que se vê e ouve. Continuei:

– A casa foi feita pensando em você, não abandone um presente meu, vivemos bons momentos, aceite nosso passado.

– Guilherme, vim buscar a verdade e só.

Ficamos nos olhando.

– A verdade é esta que você está vendo, estamos separados. Agora é um outro momento de nossas vidas e na minha não tem espaço para nós dois. Não te devo explicações. Posso passar sábado para fazer a mudança, eu tenho a chave, não precisa me esperar.

– Estou tentando descobrir onde está o verdadeiro Guilherme em tudo que me disse. Tire esta máscara que você vestiu e seja sincero, eu te conheço. Mesmo quando separados eu guardava sua lembrança e, nem quando criança, você foi irresponsável com os seus sentimentos.

Paramos no tempo novamente e ficamos nos olhando. Fiquei sem o que dizer. Ela se despediu dizendo:

– Pense nisto.

Levantou-se e seguiu, eu disse em pensamento "Não vá!", Vivian parou na porta, virou-se, me olhou mais uma vez e foi embora.

No dia seguinte Rodolfo me telefonou e marcamos uma cerveja no fim do dia, no bar do hotel. Conversamos sobre vários assuntos, até que ele me perguntou:

– Vocês formavam um belo casal, porque motivo a separação Guilherme?

– Não posso te contar o que aconteceu, isto é muito novo, viver sem ela é doloroso. Vamos mudar de assunto.

– Tudo bem, mas o que vai fazer com a casa que construiu pensando nela?

– Ficará fechada até que ela aceite. Se não quiser, a vendo depois.

– É um pecado vê-los sofrendo, por mais que tente imaginar o que teria sido o motivo, fica um sentimento de desalento. O segredo é seu, eu respeito meu amigo, você sempre foi misterioso, mas dessa vez bateu o recorde de suspense. Sem contar a beleza dela, que chama atenção. Logo, logo pintará outros pretendentes dispostos a fazê-la feliz.

– Quando imagino isso fico balançado, mas é claro, ela é uma grande mulher, merece um homem bom.

Convidei Rodolfo para irmos ao apartamento pegar meus pertences e fomos até lá no final de semana. Apertei a campainha, ninguém atendeu. Abri a porta com minha chave, a qual deixaria depois de sair na portaria. Em cima da mesa achei um bilhete:

'Fique à vontade, pensei que gostaria de fazer isto sem a minha presença. Um abraço, Vivian.'

Peguei os objetos pessoais, até que cheguei no baú das cartas que ela havia escrito para mim. Meu corpo tremia, Rodolfo se assustou, aos poucos o calafrio foi passando. Um de cada lado, pegamos o baú e levamos junto com outras caixas. A minha cabeça estava povoada de vozes desagradáveis, chamei pela Vivian dos meus pensamentos e ela veio.

Levei os meus pertences no meu quarto, na casa de meus pais, meu avô havia partido ao interior. Papai disse-me que o quarto sempre estava lá quando precisasse e eu agradeci. Depois de acomodar as caixas fomos embora. Rodolfo perguntou se precisava de algo, disse-lhe que não, então deixei-o em casa e segui sozinho.

Os medicamentos suavizavam, mas as vozes não paravam, procurei minha psiquiatra antes do dia marcado para a consulta. Eu estava surtando, parecia que todos sabiam da minha condição, onde eu andava tinha a impressão que me conheciam. As vozes faziam questão, atacavam com falatórios, às vezes com berros. Senti vontade de adormecer e não acordar mais, só para ter sossego.

A doutora me internou em uma clínica de doentes mentais, em um lugar afastado da cidade. No caminho, tentei me despedir em pensamentos de Vivian, a que me acompanhava, eu não a queria naquele ambiente comigo.

– Bobagem Guilherme – ela respondeu em meus pensamentos – eu posso te ajudar, o importante é como você irá lidar com esta situação. Peça por tua cura.

– Esta doença não tem cura – eu disse.

– Peça um milagre, lute por você! Coragem, eu estarei contigo.

CAPÍTULO 10
O INTERNAMENTO

Meus pais foram avisados do meu internamento e nos vimos no hospital, depois de conversarem com minha médica, eles ficariam mais calmos. Estávamos na mesma sala e, por mais que fosse particular, de boas acomodações, um lugar para se tratar doentes mentais carrega seu estigma. Após preencher os formulários, abracei meus pais e segui acompanhado de um enfermeiro. Chegando no pavilhão onde ficaria, as portas eram fechadas a chave. Passei por um longo corredor onde podia ouvir vozes dos outros internos. Havia várias portas até chegar ao meu destino.

Chegando lá, me levaram até o meu quarto, que era limpo e arejado, possuía uma cama, um criado mudo e mais nada. As vozes na minha cabeça estavam em euforia, diziam:

– Agora não sairá mais daqui.

Antes de eu proferir uma palavra, elas diziam na frente, me perturbando o suficiente para eu ficar agressivo. Finalmente os remédios começaram a fazer efeito, sentia muito sono. Quando levantava ficava tonto, fiquei dormindo assim uns quatro dias. No quinto dia o medicamento mudou, voltei a ficar mais consciente, as vozes diminuíam, mas não acabaram. Conseguia me locomover com dificuldade, então fui até o pátio e ouvi de um interno:

– Venha comigo, aqui o sol é de graça.

Dei um sorriso amigável e fiquei sentado, observando o ambiente. Ali tive contato com vários tipos de pessoas com comprometimentos diferentes. Alguns moravam ali, entravam e não conseguiam melhoras. Outros ficavam apenas temporadas, quanto a mim, ainda estava me descobrindo. Uma vez por semana era o dia das visitas, a maioria dos internos esperavam este dia com ansiedade. Eu sentia falta das pessoas que me cercavam, em especial de Vivian, outra falta era do meu trabalho.

Antes de receber minha primeira visita, conversei com minha psiquiatra.

– Guilherme, mudamos sua medicação, as vozes diminuíram? De que maneira se sente com outros procedimentos?

– Diminuíram, mas ainda estão lá, eu sei.

– Os remédios fecham alguns canais e controlam sua mente, cercando a doença e impedindo que ela se manifeste. Infelizmente elas estão lá, mas nós conseguiremos que elas não se manifestem com tanta fluidez. Será um bom sinal se mantivermos elas assim, com esta nova medicação.

– Elas me disseram que deram uma trégua, mas vão atacar novamente de maneira assustadora.

– Mostre a elas quem está no comando, não se influencie por comentários, permita-se ser o dono de sua razão. Hoje é dia de visitas, seus pais vieram lhe ver, e tem mais uma visita especial, Vivian.

– Por favor doutora, quero receber meus pais, mas não estou preparado para ver Vivian.

– Tem certeza?

– Absoluta.

– Tudo bem, iremos avisá-la que hoje você não irá vê-la.

Fui para o pavilhão aguardar ser chamado e rever meus pais, senti muita tristeza, alguns internos choravam por não terem visitas, outros escondiam o fato de si mesmos. Gritavam, faziam suas necessidades nas roupas, esmurravam paredes, era impactante ver essas cenas. Até que fui chamado:

– Guilherme, venha ver suas visitas.

Me senti um garoto, passei a sala onde eles estavam, os abracei com vontade em revê-los. Mamãe trouxe doces e papai um livro, ficamos ali conversando, nas próximas vezes, se me encontrassem bem, eu estava autorizado a recebê-los no jardim. Antes de irem embora pediram que eu recebesse Vivian, ela estava aflita. Indaguei que havíamos terminado o relacionamento e que esta visita não tinha um porquê. Papai falou:

– A receba feito amigo.

– Um dia conversaremos, mas é tudo muito recente, quem sabe em outro momento.

Eles fizeram a minha vontade. Eu estava com saudades, mas não podia prendê-la a mim.

Foram embora e nos veríamos novamente na outra semana. Só a certeza, que era importante para alguém lá do mundo detrás daqueles muros enormes e assustadores, me deixava melhor. Agradeci a Deus por meus pais.

As semanas se passaram, recebi a visita de Letícia, que evitou tocar no nome de minha amada, pois compreendia que me chateava. Assim sendo, sabia que eu estava sofrendo pela atitude, apenas deixou escapar um comentário.

– Ela vem todos os dias de visitas, só espera um sinal seu.

Fiquei calado, fingi que não entendi, então Letícia mudou de assunto.

– Guilherme, estar no meio de malucos, é isto mesmo que quer para você? Porque não investe na sua capacidade mental, há algum tempo me convenceste de que não estava louco. E agora, o que mudou? Saia deste lugar, depende de você, que mal lhe aflige meu amigo? E a mulher dos teus pensamentos, te abandonou?

– Ela ainda me acompanha e fazem os dias aqui serem menos pior. Mas existem outras vozes que escapam do meu controle e me prejudicam, me atacam, acabando com a minha paz. Tomo remédios que as dominam, mas continuam na minha cabeça. Estou aqui para ver se me mantenho controlado. Entenda, eu estava surtando! Pensei que enlouqueceria, parece que cheguei no limite e desta linha elas não passam. Estou aliviado, mas mesmo assim está longe do que quero chegar. E, por favor, não tenha preconceito contra um Hospital Psiquiátrico.

– Conversei com sua psiquiatra, foi esclarecedor, ela me disse que você tem perfeita noção do seu transtorno. Se esforce, tente voltar ao nosso convívio, volte para as pessoas que te amam. Mesmo que você me diga, não concordo com o internamento, poderíamos lhe tratar fora daqui, nós podemos te ajudar, quer tentar?

– Você é uma grande amiga, mas por enquanto prefiro livrar as pessoas que amo desse desconforto, ninguém merece isso. Além do mais, aqui está tudo preparado e no alcance dos profissionais que lidam comigo, mas obrigado. Eu tenho boas notícias, em algumas semanas será o Natal, vou ser liberado para passar em casa. Quero te ver lá.

– Com certeza estarei contigo. E aí dentro, consegue conversar com os outros internos? O que faz durante os dias para passar as horas?

– Fico lendo, desenho nas horas especificadas, tomo banho de sol, faço minha higiene, tenho várias refeições e tomo medicamentos. É difícil conversar com alguém, alguns possuem altos ataques mentais. Mas aqui é o lugar onde me permito desprender-me de todas as amarras e preconceitos contra a doença mental. Falo sozinho, tenho tonturas, muito sono, aqui é normal tudo que é esquisito lá fora. Por isto fico mais à vontade entre eles, entende? Mas fique calma, está se afastando a hipótese de que ficaria pior, penso que logo sairei daqui, porém, por enquanto ainda é cedo.

– Tudo bem Guilherme, mas não adianta tentar se afastar, o seu lugar é ao lado de quem te ama.

A hora da visita terminou, ela foi embora e, para variar, me deixou pensando no que falou. Ah, Letícia!

Estava chegando o natal e os pacientes que estavam melhor iriam passar com seus familiares. Faziam quatro meses que eu estava internado e a força daqueles muros parecia menos assustadora, quanto mais o tempo passava. Mas não tinha certeza da minha recuperação, ainda ficava com um pé atrás, com a possibilidade de surpresas. Aos poucos eu ia controlando os medos e o mal que me açoitava em outrora. Pensava em Vivian diariamente, sem pretensão de voltar, mas sim, levando a lembrança dos nossos momentos de felicidades.

Em um dia de visitas recebi o aviso de que um jovem chamado Osmar gostaria de me ver, fiquei pensando se seria o companheiro comunista que encontrei naquele dia em que fui preso e decidi recebê-lo. Eu já encontrava meus visitantes no jardim do hospital, quando olhei de longe vi uma pessoa diferente do dia que lhe conheci, fiquei surpreendido. Pelo que lembrava parecia ser uma pessoa mais simples, mas não, era bem vestido, rosto limpo sem barba e ao me ver soltou um largo sorriso.

– Olá! Guilherme meu caro, que bom revê-lo.

– Oi amigo, tudo joia?

– A última vez que nos vimos seria difícil me imaginar vivo. Mas não quero te chatear com lembranças tristes, que agora fazem parte do passado. Vim aqui porque tenho uma gratidão eterna contigo, o que fizeste por mim, isto eu posso te lembrar, foi uma atitude de humanidade, traço difícil de se achar no mundo de hoje. Talvez se você não tivesse me ajudado na porta do seu prédio, eles teriam me matado ali mesmo. Mas veja, estou aqui e te pergunto de todo o coração, existe algo que eu posso fazer? Quero ajudar você.

– Grato Osmar, mas tenho tudo o que preciso neste lugar.

– E quando você irá sair?

– Penso que em mais alguns meses estarei de volta. Agradeço as suas palavras, mas agora meu amigo, a guerra que travo é comigo mesmo. Tenho muitas saudades da minha vida antes de se manifestar a doença. Isto me destrói, me sinto imprestável, e as suas palavras não me fizeram mal. Ainda tenho muito em mim daquilo que fui um dia. Seu gesto lembrou-me do meu melhor e isto me ajuda a suportar o hoje.

Depois conversamos sobre assuntos mais leves, eu tinha ganhado um amigo. Fiquei muito feliz com este fato e com o que despertou na minha mente, afinal eu tinha valor e este sentimento parecia ter me abandonado no hospital. Me senti forte naquele dia.

Chegou a véspera de Natal, papai veio me buscar. Me preparei, eufórico, era a primeira vez que colocaria os pés fora daquele lugar, desde que fui internado. Durante o caminho vim pensando, que reviravolta minha vida tinha dado. Senti que precisava retomar o controle, mas depois me dava conta que, primeiro, tinha que acabar o tratamento, ainda não estava dono da situação. Mas os meus pensamentos eram vistos com louvor pela minha psiquiatra, era um bom sinal, eu desejava prosperar.

Chegando em casa, vi a decoração de Natal, a árvore e os objetos natalinos e senti o cheiro de comida vindo da cozinha. Me lembrava a infância, mas desta vez eu estava triste e não conseguia esconder isto. Sem minha amada era diferente, mamãe me chamou em particular e disse que ela viria, fiquei inerte, não fazia diferença a minha opinião. Agora estava tudo às claras, nada iria mudar a situação. Mas confesso que tremi de nervoso.

– Fique calmo – falou a Vivian dos meus pensamentos.

Procurei fazer minhas orações antes dos convidados chegarem. Era o nascimento de Cristo e o aniversariante está na minha vida. Para mim era felicidade, mesmo com tom nostálgico a algumas pessoas, este era o momento de renovar as forças, agradecer as bênçãos e rezar a um futuro próspero. Jesus era minha alegria, então pedi que me acompanhasse naquela noite, que prometia ser especial.

Vindo a tardezinha os convidados foram chegando, apenas passariam a ceia conosco Vivian e Leticia. Rodolfo, Ferdinando e Osmar chegaram só para me cumprimentar e foram embora passar com suas famílias. Os meus amigos tinham vindo, eu frágil aguardava por eles. Liguei para o meu avô, era muito bom ouvir a sua voz e seus causos, só que ele não podia vir.

Veio a noite e Vivian e Letícia chegaram, eu estava sentado na poltrona da sala, me levantei para recebê-las, nos cumprimentamos igual amigos que ainda éramos. Elas trouxeram sobremesas e se dirigiram para a cozinha, papai e eu ficamos na sala, mamãe as acompanhou.

O assunto na sala era sobre peças de teatro que estavam em cartaz na cidade, Letícia entrou na conversa enquanto Vivian conversava na cozinha. No decorrer da noite tudo estava tranquilo, minha querida veio impecável com seu perfume encantador, linda como sempre. Cheguei perto do pinheirinho de natal e percebi que estávamos sozinhos.

– Guilherme, este presente é seu – ela disse, enquanto me entregava um pacote.

– Obrigado Vivian, não precisava se incomodar.

– Quem disse que foi incomodo? Foi um prazer. Posso te fazer uma pergunta?

– Diga.

– Se eu for te visitar, você irá me receber? Não pretendo te chatear, quero te ver como amigos, uma vez que não dá ouvidos ao que falo. Olha, posso te surpreender, sei ser uma ótima amiga. Estamos separados é fato, te respeito, mas podemos transformar o que uma vez nos uniu. Vamos Guilherme, deixe de ser orgulhoso, me receba. Prometo ficar calada se estiver sem vontade de conversar, quero apenas te ver, pode ser?

– Fiquei sabendo que você foi em todos os dias de visita, seria muita indelicadeza minha continuar sem te receber. Pode ir, vou aceitar te ver, mas te aviso, não perca seu tempo comigo, aquele lugar tem uma energia diferente. Tem certeza que está preparada para ver um internado? Não sou mais teu noivo, é com outra pessoa que irá se deparar.

– Uma vez te disse para não me proteger de você, lhe quero por inteiro e eu continuo a mesma. E, se o Guilherme que conhecia tem outras faces que eu desconheça, permita-me conhecê-las, se não for meu noivo, apenas um amigo, eu opto por ficar perto. Quero te ajudar a passar dias mais leves neste lugar que, confesso, me assusta. Na minha opinião, não deverias estar lá, eu sei que foi escolha tua. Pronto, falei demais, escuta querido, irei com calma, do jeito que quiser.

Sorri com ar de aprovação, mas imaginando o quanto seria difícil ser apenas amigo de uma mulher que me encanta.

Chegou à meia noite, oramos juntos, abrimos os presentes e ceamos. Quando era madrugada, papai e eu levamos Vivian para casa, que continuava morando no apartamento que alugamos e Letícia, em outro bairro da cidade onde morava sozinha.

De volta ao hospital senti tristeza, eu estava num lugar frio, junto de pessoas estranhas, tentando me curar, em busca de paz.

Depois de ter ficado fora do hospital era difícil acostumar com a ideia de ficar mais alguns meses nesta situação. As vozes pareciam estar controladas, mas eu tinha uma leve desconfiança de que iria surtar novamente e isso bastava para me deixar arrasado. Segundo a médica, parecia que tínhamos encontrado o pico do transtorno, havia poucas possibilidades de voltar mais forte, o que melhorava minha autoestima. Ela também disse que Vivian a procurava para saber em que poderia ajudar no tratamento.

Chegou o dia das visitas, Vivian me trouxe um *Walkman* com uma fita k7 gravada e fones de ouvido. Disse que poderia ouvi-la quando as vozes se manifestassem, junto ela levou um livro de contos e doces de sobremesa. O tempo acabou e ela foi embora, a noite no meu quarto coloquei os fones de ouvido e curti a fita. Ela tinha gravado músicas que tocava ao piano, intercalando com cantos recitados por ela.

Nas próximas visitas íamos ao jardim e ficávamos à sombra de uma árvore. Onde ela lia para mim livros de poesias e contos. Em um desses dias me senti um pouco atordoado, um efeito colateral de medicamentos. Tonto e um pouco diferente do normal, disse-lhe que não estava bem. Vivian não leu para mim naquele dia, perguntou-me se queria ficar em silêncio, com a cabeça no seu colo, até a tontura passar. E assim ficamos, ela acariciando meus cabelos, quietos no silêncio, que os pássaros quebravam com seus cantos e correrias de uma árvore a outra.

Os dias se passaram, recebi mais fitas gravadas dos meus amigos. Rodolfo gravou um afastem-se para as vozes, esculhambando com elas, sendo malcriado e muito divertido. Tinha resultados, conseguia me distrair com as fitas, ainda mais com o fato de que estava em contato com pessoas com quem eu compartilhava minha vida antes da doença acontecer com gravidade. Letícia gravou sua fita contando o que acontecia no mundo além dos muros altos, ela me contava as notícias mais importantes, política e atualidades. Eles se esforçavam para me ajudar. Pedi a doutora um dia de licença para recebê--los em um café, consegui e encontrei os mais chegados numa confeitaria colonial da cidade.

Vivian sabia que eu estava me empenhando e apoiou a atitude. Os medicamentos funcionaram, mas uma coisa ou outra ainda escapava, eu me adaptava com a ideia. O dia foi ótimo, voltei querendo trabalhar com ideias que precisava passar para o papel.

Mais uma semana se passou e eu aguardava com ansiedade o dia de visitas. Nós não tínhamos voltado a namorar, mas a presença de Vivian fazia uma diferença enorme no meu comportamento na internação.

Chegou mais um dia dos internos ficarem animados, faziam filas para sair com seus parentes e amigos. Alegria de uns e tristeza de outros que ficavam sem alguém para vê-los. Esta onda de euforia acabava me impregnando igualmente. Mal podia aguentar a expectativa de chamarem meu nome, e sair por entre tantas portas chaveadas. Enfim chegou a minha vez, lá estava Vivian me esperando com livros e doces. Nos cumprimentamos com um abraço e seguimos para o jardim.

– Guilherme como passou está semana? Alguma medicação nova? E a sonolência?

– Meu corpo está se acostumando com a medicação de sempre, menos sono, parece que achamos os certos para mim, as vozes estão controladas. Senti certa preocupação, aconteceu alguma coisa?

– Preciso da sua opinião, recebi um convite, apresentar--me em um recital em Portugal, ainda este mês. O que acha, devo ir? Não quero ficar sem vê-lo, mas levará duas semanas.

– Vivian, duas semanas passam rápido, além do mais, se desistir desta ideia eu ficarei frustrado por estragar um belo momento de sua vida. Quero que você vá, com toda certeza que tenho nesta vida, que é te ver feliz. Nem em sonho quero te ver presa assim. Esta é a minha história, a sua é diferente, siga adiante, sem amarras. Como seu amigo, posso te pedir que vá e siga em frente, seja feliz. Além do mais, estou sem lugar para fugir – sorri – uma quinzena passa rápido e eu estarei aqui te esperando.

– Gostaria de entrar na sua cabeça e gravar que minha história fica muito bem acomodada junto com a sua, simplesmente assim. Certo meu caro amigo, sou eu quem te aguarda. Tua mania de me proteger, é só isto mesmo? Mas tudo bem, eu vou, nas duas próximas semanas estarei fora, assim que chegar venho te ver. Agora diga, para me deixar feliz, sentirá minha falta?

– Com certeza, às vezes eu acordo aqui e penso 'que dia chato, mais uma semana igual a qualquer outra', então lembro que você existe e a sensação de estar no planeta se modifica. É impossível deixar de comtemplar a vida sabendo que você está no universo. Assim, desse jeito que estamos, me contenta saber que estas aí, faz toda a diferença, obrigado.

Vivian se emocionou, com os olhos brilhando em lágrimas, disse:

– Quero mais do que isto, estarei sempre perto, meu Guilherme.

Em alguns dias faria cinco meses de internamento e então receberia alta, eu sabia o quanto os dias eram tristes. Por mais que tentasse levar numa boa, era sofrido continuar preso no hospital. Na maioria das vezes eu ficava isolado no pátio e o horário em que me sentia mais vivo era no banho de sol, onde eu tinha sossego para conversar e sentir a liberdade me transportando para outros lugares, com a Vivian dos meus pensamentos, a qual procurava poucas vezes, nessas horas sentia-me acompanhado dela e da energia positiva vinda de sua presença, mas na maioria do tempo ficava sozinho.

Essa solidão era nova em minha vida e em nenhum outro momento passado senti dessa forma o fato de estar só, se fazia necessário aprender sobre esse sentimento, pois eu pretendia continuar minha luta sem envolver outras pessoas. Era preciso ficar só e, depois, conseguir ficar acompanhado, procurei me reeducar na vida sobre esta nova condição, vozes, remédios, terapia e o que mais enlouquecesse este novo Guilherme.

Pensava em Vivian feito uma amiga muito querida e essas duas semanas de sua ausência me prepararam para a aceitação deste fato. Nos primeiros dias, sua presença era muito forte, mas com o passar do tempo fui me acostumando. Até o medo de ela encontrar alguém foi se abrandando, uma vez que eu queria vê-la feliz. Doía, mas a lembrança do que fomos no passado ajudava a estancar as dores.

Chovia no dia de visitas, quem veio me ver era Letícia, sempre sorridente, com o astral lá em cima, que me contagiava com sua alegria. Me fazia perguntas de praxe e depois perguntava sobre o meu coração. Eu respondi que estava sossegado, resignado com todos os acontecimentos deste novo homem. Ela se assustou e me pediu para explicar.

Disse-lhe que o amigo de antigamente atravessava uma nova jornada. Era preciso me acostumar com esta ideia pelo bem do meu tratamento e da minha vida cotidiana. A minha ideia era não surtar, mais para isto, tinha o auxílio de medicamentos e terapias. Estava me sentindo pronto para sair e levar a vida adiante, Letícia se conformou com a resposta e só pediu para não esquecer dos amigos. Respondi que minha memória afetiva funcionava perfeitamente, o fato é que tinha de me acostumar com uma nova realidade e seguir adiante com ela. Era difícil as pessoas entenderem que havia algo diferente comigo, mas eu sabia que, no fundo do cérebro, tinha uma bagunça e era difícil de conviver com isto. Minha amiga foi embora, deixando um pouco do seu carinho e apreço por mim. Agradeci a Deus por ela estar na minha vida.

Mais uma semana se passou e chegou o dia de visitas e eu estava com saudades da minha amada. Hoje ela viria me ver, mas seria complicado me mostrar frio novamente, diante de sua presença. Feliz, mas sem demonstrar ou exteriorizar o sentimento, a recebi impregnado de remédios e longe das vozes. Ela chegou com um presente de Portugal, com o programa do recital, doces e o livro que estava lendo para mim. A recebi com um abraço e fomos ao jardim. Logo quando eu estava me acostumando com sua ausência ela vem me ver e me afastar se torna uma tarefa ingrata.

Pedi que ela me contasse de sua viagem. Com brilho nos olhos de felicidade me narrou seus momentos de alegria com entusiasmo. Eu não me enxergava na sua vida e isso doía, mas não deixei transparecer o que estava sentindo.

Fiz um esforço e recusei-me a estragar o seu dia. Disse-lhe para apostar na sua carreira e que não deixasse nada atrapalhar, falei também que em breve receberia alta e seu sorriso iluminou nossa conversa. Ela sempre foi uma pessoa radiante, sua energia boa fazia as vozes diminuírem quando estávamos juntos. O nosso momento passou rápido, nos despedimos e voltei para o meu pavilhão.

CAPÍTULO 11
NOVA CHANCE

Chegou o dia da alta, meus pais vieram me buscar, com toda as recomendações e medicamentos, fiquei pronto para sair. Olhei aquele lugar, pedindo para nunca mais voltar nesta condição. Peguei a minha mala e fui passando pelas das portas chaveadas. De longe, ainda ouvia gritos dos que ficavam, eram tristes lamentos, pedidos de socorro de almas aflitas. Tinha vontade de ajudar, mas só poderia orar por eles ou talvez visitá-los, trazer um pouco de conforto para aqueles que foram abandonados. Fiz este propósito e depois fui embora.

No carro, fui pensando que entrei no manicômio com medo de não sair mais e hoje voltava para a minha vida, que agora contava com remédios e terapia, mas com a doença controlada. Daquele espaço ela não passaria e, antes de um novo surto, teria medicamentos preventivos. Era difícil, afinal era uma nova realidade, porém eu estava disposto a encarar a minha nova vida.

Mamãe me perguntou sobre Vivian e eu, pois ela me esperava em casa.

– Agora é minha amiga – respondi – uma grande mulher que merecia minha consideração, por ter passado comigo estes momentos conturbados.

Agradeci ao meus pais pelo trabalho que lhes dei, nesta altura da idade, lhes disse que iria comprar um apartamento, que minha estada na casa era temporária. Os dois ficaram chateados com o comentário, disseram que a casa deles era minha e que, em momento algum, foi trabalhoso me atender, uma vez que me amavam.

Chegando em casa, a mesa se encontrava posta e a casa estava com o aroma matinal de café. Vivian tinha feito torta salgada, que eu adorava, o ambiente me trazia de volta ao lar e suas memórias afetivas. Ela me abraçou sorridente, dizia que agora era alegria, pediu um basta na tristeza, mamãe e papai concordaram. A tarde foi agradável, a noite ela foi embora e eu fiquei no silêncio do meu quarto.

Amanheceu o dia, acordei cedo e voltei ao meu trabalho, ainda tinha projetos para concluir. O meu lugar se mantinha guardado, segundo o meu chefe eu possuía um traço singular. Fiquei contente com o reconhecimento, e por poder voltar ao emprego, pois aquela era uma empresa séria, não demitiria uma pessoa que fazia tratamento por motivos de doença. Aliás, o convênio médico cobriu as despesas do internamento.

Tive um retorno menos tenso do que poderia imaginar. Eu aguardava certo constrangimento dos colegas, mas foi o contrário, recebi muita força e compreensão. As vozes estavam por perto, com opiniões aqui e ali, eu me acostumei, sem influir na minha postura diante das pessoas. À noite tive um jantar com meus amigos em um restaurante discreto, Vivian, Letícia e Rodolfo estavam presentes.

Cheguei sozinho, eles me aguardavam para fazer os pedidos. Cumprimentei os três e escolhi o lugar que ficava de frente para Letícia, ao lado dela ficou Vivian, que estava de frente para Rodolfo.

Estávamos conversando sobre almas e, em uma coisa eles eram unanimes, que as vozes arranjassem outro passa tempo, ao invés de me amolar, com muita descontração brincamos a respeito. De repente o garçom veio com um guardanapo, enviado por um homem de outra mesa, destinado a Vivian, ficamos surpresos, distraídos nos nossos assuntos que não percebemos as investidas do cidadão. Ela olhou para mim atenta a alguma reação, que não houve. Rodolfo pegou o bilhete e disse, gesticulando em voz baixa para o desavisado, que ela estava acompanhada. Depois do clima chato voltamos à nossa animada noite. Rodolfo disse:

– Sair com mulheres bonitas é problema, problema e problema.

Letícia retrucou:

– E os olhares que vocês dois recebem, vão dizer que não notaram?

Vivian agradeceu ao amigo pela atitude e falou:

– Guilherme é sempre fitado, quanto menos ele olha, mais é observado, como pode isto?

Nossa conversa acabou com divertidas observações de nossas atitudes ao sermos flertados. Eu pensei, estava acostumado a estar com minha noiva e que realmente observava pouco outras mulheres, só que separados eu continuava com a mesma atitude.

Na manhã seguinte Vivian me ligou, convidando para um passeio, disse-lhe que outro dia, pois tinha muitos afazeres. Ela ficou chateada, pois eu raramente recusava um convite seu, mas aceitou.

Passou uma semana e ela ligou novamente, eu estava mergulhado no trabalho e, depois de resistir o convite, achei melhor aceitar e deixar de ser indelicado. Fomos a um bosque onde costumávamos ir quando éramos namorados, ela trouxe uma toalha e uma cesta de quitutes para saborearmos e um livro, para ler.

– Guilherme, separei um texto que gostaria de ler para nós.

De forma pausada ela iniciou a leitura, que contava a história de uma jovem que fazia de tudo para agradar o seu namorado, até que um dia ele pede o impróprio e ela, num esforço que transcende, machucando seu belo corpo, faz o que ele pede. Depois ela procura a sua aprovação e ele a deixa, por gostar dela como era antes.

– O que pensou quando li, pensou em nós? – Ela perguntou.

– Não estou te pedindo nada.

– Está sim, está pedindo que eu te deixe repentinamente, quantas negativas recebi. Será que é isto o que quer, se eu te deixar, é o que realmente desejas? Estou fazendo o certo, abandonar a nossa história te deixaria realizado? Seja sincero. Fazem meses que estamos separados, suportei o tempo que pediu. Estou enfraquecendo, preciso saber se realmente me amas, se me aceita! A doença era um empecilho, mas agora está controlada. Por que me rejeitas? O que esperas de mim?

– Vivian, simplesmente quero que sejas feliz, você é feliz com um homem doente, à beira de um surto a qualquer momento, sempre pronto a bagunçar a sua vida, mudar seus planos, te desestabilizar? É isto que sonha para o futuro?

– Eu te amo, será esta a nossa diferença, não consigo ver um doente, enxergo um homem que luta contra o mal e que o domina, escolhi a muito tempo atrás ser fiel, na saúde e na doença, na alegria e na tristeza. Ninguém me obrigou, eu fiz esta escolha. Mas preciso que me aceite, necessito ouvir o que sentes por mim.

Fugi do seu olhar, pensei em tudo o que vivemos, juntos e separados, todos as nossas lutas e não consegui resistir e decidi seguir com ela. Depois de uma longa pausa, eu disse:

– Eu te amo Vivian, foi difícil, mas tive que ficar, só para poder te acompanhar. Estou vivendo um novo momento na minha vida e sim, te quero presente. Nenhuma mulher foi amada igual você e continua sendo em todos os meus dias. De um basta às suas dúvidas, lembre-se do homem que jamais te esqueceu.

Sua expressão mudou na hora. Linda, sorrindo entre lágrimas, senti felicidade sincera vindo dela. Eu me vi diante do meu sentido na vida. Estava vivo para fazê-la feliz, todo o resto é consequência que um homem amado produz. Nos abraçamos e, entregues um ao outro, decidimos caminhar unidos, seguindo nossas jornadas.

CAPÍTULO 12
FALANDO MAIS ALTO

No dia seguinte comunicamos aos nossos conhecidos que reatamos o noivado. Em cada comunicado, uma palavra diferente de felicidade era desejada a nós. Mamãe entregou a chave da nossa casa, que havia ficado com ela para arejá-la. Depois do trabalho, Vivian e eu fomos até lá.

Tudo estava organizado, limpo, a casa estava pronta para ser habitada, tiramos o lençol que cobria o piano e ele estava pronto para ser usado. Vivian tocou com a sua virtuosidade e eu poderia ficar ouvindo a noite toda. Apesar de pouco escutar, na correria do dia, eu amava ouvir música.

Agora, de alianças no dedo, parecíamos ter enfrentado o maior de todos os obstáculos, a separação. Minha amada deu uma pausa no recital particular e caminhamos por toda a casa. Em cada cômodo lembramos de uma passagem de nossas vidas. Das janelas da sala recordamos a primeira vez que nos vimos, em um dia de chuva e, depois, o passarinho que salvamos. No escritório, a minha lembrança era de procurar respostas sobre paradeiro da minha namorada e ela me contou que ficou apavorada, com a mudança feita às pressas, o medo de serem descobertos, a vida em outro país e a saudade do que deixou para traz. O sofrimento de estar longe do namorado, sem poder dar um telefonema ou enviar cartas, simplesmente deixar para traz uma vida que prometia ser de felicidade. Contou-me que se engajou em vários movimentos pró-liberdade, se entregou ao estudo da música na esperança de um dia apresentar-se no Brasil.

Na sala, com o baú de cartas escritas, ela recordou que escreveu uma carta semanal, contando sobre sua vida. Pegamos uma delas, com a data de março, que dizia:

"Meu amado, na minha roda de amizades fiquei sabendo que o Brasil está mais livre. Falam de vários políticos lutando pela democracia, de maneira honesta. Será um sopro

de esperança? Morro de curiosidade para saber se continua lindo, com os mesmos traços da adolescência, posso imaginar o homem que se tornou. Meu namorado, querido comigo, atencioso e amigo, que me fazia ir adiante. Em nossas brincadeiras de criança sempre me respeitou, tinha calma, sem ultrapassar o meu tempo. Um companheiro dedicado, que sabe valorizar os sentimentos. Tenho muita curiosidade para vê-lo nos dias de hoje, te sinto mais próximo..."

Vivian interrompeu a leitura e me perguntou:

– E você, o que fazia nesta data?

– Eu estava preso.

– Gostaria de me contar um pouco deste momento? Se não for te magoar.

– Sem problema. Eles me levaram para uma cela isolada, onde eu ficava ouvindo noite e dia vozes me ofendendo e amedrontando-me. Estava isolado do mundo e só podia ver, a certa distância, uma janela pequena no alto da parede. Quando chovia, lembrava-me do nosso primeiro encontro. Nesses dias, tenho de lhe contar, havia uma mulher que me acompanhava, era você, Vivian dos meus pensamentos. Muito parecida contigo, ela diminuía meus momentos de solidão, eu fechava os olhos e podia vê-la. A sua voz até hoje é muito nítida, posso ouvi-la com clareza. Longe de ser fácil de entender, era o que acontecia comigo, mesmo quando preso eu tinha a sua companhia e ela me bastava.

– Querido, imagino o tormento que passou, mas fico feliz que, de alguma forma, pude estar presente. O que é igual e real é que em momento algum te abandonei nos meus pensamentos. Letícia me contou que você não teve namoradas, apenas ficava vez ou outra, sem apego. Já tinha a mim, nesta forma, em seus pensamentos? Me ouvia?

– Sim, nos últimos anos você me acompanhava, era perfeita e isto me bastava. Nos dias de hoje, raras são as vezes que a ouço ou a vejo em meus pensamentos, porque agora a tenho fazendo parte da minha vida, esta maneira mais completa. Chega de saudades ou de viver pela metade.

– Sabendo o que se passou, fica um pouco mais claro te entender, sinto-me culpada pelo motivo de sua prisão. Se não tivesse me procurando, talvez poderia ter passado pela ditadura sem ser preso.

– Minha amada, desde criança você é minha inspiração de viver e a minha cura. E está longe de ser culpada das desventuras que passei. Eu podia ter escolhido a espera, mas preferi te buscar, era sufocante a tua ausência, depois de tudo passado, tive que ficar só e não me apoiar na sua presença. Era preciso ser eu, antes de viver nós. O destino agiu assim, é um mistério, mas deve ter um por que, o passar dos dias saberá me responder. O hoje me traz um pouco das respostas. É preciso estar inspirado para ser o seu par e eu sei estou pronto.

Naquela noite decidimos parar ali as lembranças e começamos a organizar o nosso casamento. Pensamos nos convidados, padrinhos e Igreja. Escolhemos uma pequena, que ficava no bairro onde conhecíamos o padre.

Chegou o dia esperado. O ambiente ficou simples, mas elegante. Aconchegante e acolhedora, a igreja recebeu nossos convidados. Eu aguardei a noiva pacientemente, diferente do que imaginava, estava calmo.

Como de praxe, a noiva chegou um pouco atrasada. Trazida pelo seu pai, ele a entregou no altar e eu prometi cuidar de sua filha. O padre fez um discurso que abençoava o sentimento que nos uniu, com leveza e boas energias fizemos nossos votos.

No final da cerimônia nos encaminhamos à festa, feita em um restaurante preparado exclusivamente para o evento. Deixamos os convidados discretamente e fomos à nossa casa. Lá, de malas prontas, trocamos de roupas e seguimos com destino ao litoral. Ficamos uma semana em núpcias.

De frente ao mar, observando o pôr do sol conversávamos.

– Querido, você imaginava chegar este dia? Eu pensava que ficaríamos juntos, mas a realidade foi melhor do que eu esperava.

– Seguir contigo era o meu desejo, confesso que cheguei a entregar-me à solidão, porém a nossa história merecia pelo que optamos.

– E as vozes, qual foi a repercussão da nossa união?

– Ouvi pouca coisa esses dias, a minha felicidade afastou elas.

– Que se preparem daqui em diante, somos nós no comando.

Ficamos esperando a noite chegar e fomos embora, embriagados de felicidade. Na volta à Curitiba, em nossa casa, Vivian recebeu um convite para ser solista em uma apresentação. Ela perguntou se eu iria, respondi que desta vez nada me faria quebrar a promessa de assisti-la.

Passamos a primeira noite em nossa casa na condição de marido e mulher, ela estava radiante. No dia seguinte voltei ao trabalho e, à noite, teria sessão de terapia. Eu estava me preparando para o recital, que seria na próxima semana, durante esses dias Vivian ensaiava, desta vez sem minha companhia. Pedi a ela que me surpreendesse.

Na noite do recital fui com meus amigos, Rodolfo e sua namorada Lívia, Letícia e Osmar. Chegamos cedo, com poucas pessoas no anfiteatro, à medida que ia lotando eu ficava mais nervoso. Letícia me perguntou se eu estava bem. Respondi:

– Fique tranquila, estou preparado para o que vier.

Fiz uma breve oração e fui me acalmando. Quando tocou o terceiro sinal avisando que iria começar, me encontrava pronto para curtir este momento especial na vida da minha amada. No final da apresentação, levei flores ao camarim e a minha mulher estava emocionada.

Todos juntos comemoramos a noite em nossa casa, com vinho e macarronada. As vozes definharam perto de tanta alegria, pouco ouvi elas naquela noite.

Passaram-se os meses e, quando ficava perto de um surto, me automedicava, sem mesmo Vivian saber. Ela mal sabia os sufocos que eu passava. Eu fazia muitas manobras para que minha mulher estivesse segura ao meu lado e funcionava, porque nada acontecia, eu ficava apenas mais sonolento nestes dias, comparado ao normal.

Prossegui com a terapia, fazia melhoras falar sobre minhas conquistas, frente a minha doença. Minha amada dava aulas de música e se apresentava dentro e fora do Estado, em recitais que eu não perdia. Eu trabalhava na mesma construtora, com alguns projetos autônomos, o que me rendia bom dinheiro. Estávamos estabilizados quando decidimos ter o nosso primeiro filho.

Quando chegamos do médico com o resultado do exame positivo, comemoramos. Nossos pais pareciam mais felizes que nós, se é que isto é possível. Assim, começamos a preparar o quarto do bebê. Onde Vivian passava e via roupinhas, ela comprava, éramos verdadeiros babões. Para mim era uma nova experiência, mais do que nunca, toda a minha atenção se voltava para o futuro da mamãe. Acompanhava a gestação passo a passo, estar presente em todos os momentos especiais era algo que eu fazia com prazer, afinal, minha esposa não estava sozinha nesta empreitada.

Chegou o grande dia, o sol estava prestes a aparecer e a bolsa estourou, Vivian estava com muitas contrações, então fomos à maternidade. Clara, uma linda menininha, não demorou a nascer e encantar as nossas vidas. O parto foi normal, logo que a nova mamãe recebeu alta, meus sogros e eu a levamos para casa. Chegando lá, a sala se encontrava repleta de flores, algumas de amigos, a maioria eram minhas, parabenizando a minha amada. Uma onda de paz e felicidade veio e contagiava a todos os que estavam próximos, era o milagre da vida.

Na primeira semana minha sogra nos ajudou bastante, até nos acostumarmos com os primeiros cuidados. Logo pegamos o jeito e as tarefas couberam apenas a nós. Tínhamos uma empregada para a casa, com a nossa filhinha, quem lidava éramos nós.

Em uma manhã, horário que passei a gostar, eu me entretinha no jardim. Cuidava do local e tinha flores que Vivian havia ganhado no dia do nascimento de Clara. As duas lindas me observavam, a mãe com um chapéu que o rostinho da pequena se beneficiava com a sombra. Pedi a ajudante que colocasse o café da manhã na mesa do jardim e ali ficamos.

– Guilherme, só peço uma coisa aos céus, a sua cura. Todo o mais está perfeito, nossa filha, o lar, o trabalho. Eu sei que você ainda sofre, não deixa transparecer, me poupa, mas sei que estas vozes ainda o perturbam. Peça, junto comigo, pois para Deus nada é impossível.

– Nunca pensei na cura, apenas no tratamento. Tem razão, pedirei nas minhas orações, mas não se preocupe comigo minha querida, o teu amar basta contra aborrecimentos do dia a dia. Sem contar que aumentaram as responsabilidades na minha vida, razões e sentidos.

Naquela manhã deixei o jardim pronto, agradecíamos pela nossa filha saudável. O jardim estava sendo cultivado com zelo, era uma lembrança do nascimento de Clara. Ali meditávamos, entravámos em sintonia com o universo e conversávamos com Deus. No mesmo dia eu tinha terapia, contei a doutora que minha mulher sentia quando me automedicava, com receio de surto. Por mais que fosse discreto, ainda deixava transparecer estes momentos desagradáveis e Vivian se esforçava para que eu confiasse nela nesses dias. Mas era algo que eu não conseguia compartilhar, havia uma barreira, um bloqueio que era difícil de transpassar. Minha terapeuta disse que Vivian era uma mulher forte e que, talvez um dia, eu conseguisse, sem pressão, compartilhar esses momentos com ela. Enquanto não sentisse vontade, melhor seria, sem forçar. Conversávamos sobre os dias, o que eu fazia e de que forma lidava com as novas emoções de ser pai. Em estado elevado, com a nova experiência, fui embora de bem com a vida.

Na noite seguinte recebemos a visita de Osmar e Letícia, que oficializaram o namoro. Nós, muito felizes com a notícia, oferecemos um brinde ao novo casal. Vivian e Letícia foram para o quarto, era hora de Clara mamar, ficamos na sala Osmar e eu.

– Quantas águas se passaram até chegarmos aqui – comentei.

– Meu caro, de você na minha vida só veio coisa boas. Veja, encontrei a mulher da minha vida, isso não é fabuloso? A vida fez uma guinada de noventa graus, quando tudo parecia perdido, veio a calmaria.

– Bom, eu esperei muito até chegar neste momento satisfatório, repleto de felicidade, ainda tem uma coisinha aqui e outra ali que enfrento, mas amando, tudo se transforma, te entendo quando fala que estás com a melhor fase de sua vida. Ter uma base certa a construir, o caminho é muito importante. Dificuldades existem, mas superá-las é de praxe. Vivian e eu estamos juntos e isto é gratificante, saber que pensamos e temos desejos compartilhados. Agora nós não estamos sós, temos a vida em comum e, para coroar esta união, chegou mais um elo, Clara. Quando você for pai saberá o que estou dizendo. É puro entusiasmo a se viver.

– Acredito, te ouvir falar assim, depois de tudo que passou, é testemunho de quem lutou para chegar onde está, te admiro.

Chegaram as meninas na sala e foram roubando as atenções, as quais não nos importamos em dividi-las com as donas do espaço.

Rodolfo continuava com a mesma namorada. Sezinando se mudou para Cuba, quais foram as manobras? Não me pergunte. Ferdinando conseguiu uma coluna em um importante jornal da capital. A vida seguia, Vivian e eu tínhamos muito ainda o que conhecer um do outro. Morando juntos e com nossa filha era fascinante, mantínhamos nossas individualidades, ela não cobrava quando percebia que queria ficar só.

Agora as vozes me atormentavam com menos frequência, quando chegavam era para jogar veneno. A Vivian dos meus pensamentos surgiu e me disse:

– Guilherme, está chegando o momento de sua libertação.

– Sobre o que está falando?

– As vozes voltarão com intensidade, estou aqui para lhe dizer, tenha coragem, mas não se entregue, acredite e confie.

Ela foi embora, me deixou assustado, mas confiei em suas palavras, o que foi me acalmando. Mas só de pensar em voltar ao hospital psiquiátrico, me arrepiava, pensei que a provação era eu acreditar na minha cura. Por isso, decidi enfrentar sem esperar o pior. Eu tive fé.

Minha amada notou certa mudança no meu comportamento, perguntou-me se ouvia vozes, respondi que talvez tivesse uma crise, mas me encontrava preparado para ela. Vê-la assustada com isso maltratava minha cabeça, o meu cérebro esquentava com toda a situação, era eu no olho de um furacão, sem lugar para me segurar. Orei e pedi minha cura a Deus, somente ele poderia me salvar. Fiquei a noite toda de vigília, até me sentir preparado. Então disse a Vivian:

– Querida, as vozes voltaram, mas não tenha medo, estou acompanhado de boas energias e vou superar. Afaste de você qualquer pensamento mal, pense apenas que vou passar este tormento. Mentalize, ore, pense na nossa história, nossa união e em nossa filha. Você confia em mim?

– Com certeza.

– Então basta.

Passavam-se cinco dias neste clima tenso no ar, eu agia normalmente durante este tempo. Precisava estabilizar minha família. Vivian se manteve ao meu lado sem esmorecer em nenhum momento, foi parceira e, principalmente, confiava em mim.

Desta vez não procurei a doutora, apenas continuei com os medicamentos de sempre. Senti que era o momento. Apenas aguardei o turbilhão, que desta vez não partia da minha cabeça, porque eu estava cheio de energia positiva, a força devastadora vinha de fora. Esperei o momento derradeiro com calma.

No fim do quinto dia eu me encontrava na sala e Vivian estava no quarto com Clara, de repente vozes invadiram o ambiente, fechei os olhos e enxerguei rostos feitos de vento, que se movimentavam em forma de redemoinho. Risadas e xingamentos, matéria do que eram feitos aqueles vultos. Abaixei a cabeça, me concentrei e orei, com convicção de superá-las. Um vento forte se fazia no meu entorno, abri os olhos e pude enxergá-las. Neste momento Vivian entrou na sala e disse-me:

– Meu querido, estou vendo e ouvindo também.

– Não tema, vai passar.

– Meu Deus, é isto que te atormenta.

Clara começou a chorar.

Fui até o quarto e trouxe Clara para junto de nós. Nos abraçamos, com Clara no meio, que cessou o choro. Orávamos de olhos fechados, os rostos passavam em forma de vento em volta de nós. Quanto mais rezávamos mais elas agrediam. Pedimos a Deus que nos afastasse daquelas almas e nos livrasse do mal, ressaltamos o quanto éramos tementes a ele.

Calculo que se passaram uns quinze minutos naquele redemoinho. O mal foi perdendo a força e nós continuávamos conversando com Deus. Os gemidos das vozes era algo medonho, elas faziam súplicas que queriam continuar em nossas vidas. Em um certo momento, uma luz se refletiu em todo espaço, anjos alados vieram dela e, neste instante, os ventos diminuíram. Os rostos, com expressão de horror, foram se afastando e as vozes se calando, em poucos minutos a sala era repleta de anjos, era possível sentir um aroma de rosas, então um deles nos falou:

– Filhos de Deus, essa agonia acaba aqui, vocês estão livres. Em nome do Pai, do Filho e do Espírito Santo. Alegrai-vos.

A luz foi diminuindo e os anjos foram com ela, mas não antes de sobrevoarem toda a casa e deixarem um perfume por onde passavam. Vivian e eu, perplexos, sorrimos. Clara pegou no sono, fomos até o berço e a deixamos repousar. Vivian presenciou o jeito que eram os meus transtornos. Me abraçava e dizia:

– Meu amado, você está curado.

Era a verdade, daquele dia em diante nunca mais me mediquei, as vozes de almas transtornadas e a 'doença' tinham acabado.

Um ano depois desse milagre, minha amada engravidou, desta vez nasceu Gustavo. Em muitas passagens da minha vida procurei encontrar um aprendizado, para tornar o meu futuro sábio em experiências. Acreditar, amar e dar oportunidade à felicidade era a resposta que procurava nesta história. Agora podia perceber, amadurecido frente ao que vivi, passei a acreditar com a força de quem não está sozinho no universo. Deus está acima de tudo. Amém!

CAPÍTULO 13
A VOLTA

Eram tempos de felicidade, eu estava ao lado da mulher que amava e com dois filhos maravilhosos, sem ter o que reclamar e meu trabalho ainda rendia muito. A vida se mostrava generosa, eu estava colhendo frutos que semeara a muito tempo. Os dias daquela primavera eram chuvosos, este tempo parecia levar embora todo o meu sofrimento passado e lavava a minha alma, deixando alegria. Eu agradecia a Deus pelas inúmeras bênçãos recebidas, eu realmente estava feliz.

Em um dia de sol, que não castigava, mas deixava a temperatura agradável, passei em uma livraria antes de ir ao trabalho. Sobre a estante de livros de psicologia encontrei um título que me chamou atenção "Terapia de vidas passadas", sem saber exatamente o que queria com o gesto, comprei o livro.

Cheguei em casa, cumprimentei Vivian, fiquei um pouco de tempo com Clara, enquanto Gustavo, com poucos meses de vida, tomava o tempo de sua mãe entre troca de fraldas e amamentação. Depois do jantar, mais ao anoitecer, as crianças devidamente cuidadas e dormindo, nós fomos para cama.

Perguntei a Vivian se elas estavam exigindo muito dela e ela me respondeu que com a pouca diferença de idade deles seria menos trabalhoso com o passar do tempo.

Mesmo com a babá ela era exigida, é claro, mas o cansaço ficava para traz quando sentia a energia renovadora que as crianças trazem. Prometi que na próxima semana chegaria um pouco mais cedo do trabalho, para lidar com os pequenos. Vivian estava exausta, me beijou e disse que sem demora pegaria no sono, acariciei seus cabelos, a beijei e disse que iria ler um pouco antes de dormir. Embriagada de sono, com a voz sonolenta, me perguntou qual era o título do livro, eu disse e, em seguida, balbuciou alguma frase que não entendi e adormeceu. Com a luz do abajur acesa iniciei a leitura.

Os primeiros capítulos falavam sobre pessoas que procuravam a regressão, o que as levava a isto. Desde o início da leitura fiquei procurando me encaixar em algum momento, nos contextos que se seguiam, minha mente me pregava peças, ao mesmo tempo que gostaria de me ver naquelas páginas, eu era apenas um curioso daqueles pequenos mistérios, que iam se aprofundando com a leitura.

Todas as noites eu lia e passava um pouco do dia refletindo sobre o tema. Ainda sem saber se era curiosidade ou se estava com um propósito maior, comentei com minha amada a proposta do livro em tocar em assuntos, que para muitos, seriam extremamente delicados, a regressão a vidas passadas. Vivian ficou, como eu esperava, curiosa com o assunto, mas disse temer viver sofrimentos, que já se passaram, revividos novamente. Seu comentário me fez refletir.

Quando cheguei no capítulo dos procedimentos do terapeuta ao iniciar uma regressão, pensei, está em mim o meu portal para vidas passadas. Então foram surgindo questões, o que me levou a lutar tão bravamente? Eu desejei com firmeza invencível, obstinadamente, a minha esposa nesta vida. Que ligação a minha vida recente teria, com o meu passado de outros tempos?

As perguntas foram surgindo e respostas foram acontecendo, consegui me ver no livro e eu pensei que sim, eu queria saber o meu passado. O que me fazia ir em frente quando queria algo? A perseverar quando tudo parecia perdido? Seria resultado de uma única existência ou passei experiências que me forjavam, preparando-me para isto?

Parei de ler o livro por uns dias, senti que precisava ter certeza, a continuar meus devaneios. Nessa semana cheguei mais cedo em casa, as crianças eram tranquilas, mas os cuidados da mãe, atenta, a fadigavam um pouco, então pedi a Vivian que relaxasse e deixasse por minha conta aqueles dias. Na verdade, contei com o auxílio da babá e a dedicada mamãe pode ir a um SPA, passou uma semana se cuidando, ia todos os dias e voltava, sem se desligar totalmente da rotina, serviu para um descanso.

Meus horários eram maleáveis, sem regras rígidas, preparava os projetos até mesmo em casa. Em fase de construção era mais exigido, mas os dias estavam calmos. Chegou o final de semana, Vivian me agradeceu pela compreensão dos dias passados e eu respondi que não tinha problema, pois estamos juntos na tarefa de cuidar das crianças. Procurava ser um pai presente, menos organizado que ela, confesso, mas atento à minha família.

Sábado à noite contratei uma cozinheira para o jantar, queria namorar, ficar mais junto da minha esposa. A surpresa foi bem recebida. Minha amada adorava quando ganhava momentos inusitados. Percebemos que pouco conversávamos no dia a dia e, neste momento, de frente um para o outro, fomos atacados por uma sessão de risos, enfim um tempo para nós. Depois da descontração, conversamos sobre os nossos dias e pensamentos tidos durante eles.

– Quando termina de ler o livro?

– Dei um tempo, quero refletir sobre o que li.

– Está se aprofundando, algum motivo especial?

– Curiosidade com a minha própria existência, imagino o que me fez ser assim nos dias de hoje. Seria algo vivido em outros tempos ou não passa de uma experiência empírica? Esses mistérios me envolvem, mas também não sou chegado a dramas, estar em contato com algo que me faça sofrer me deixa sem interesse. Mas se somar à um melhor me entender nos dias de hoje e amenizar esta questão de ser, ou apenas vida que desgasta, que se segue baseada no dia a dia. Sei não querida, esses porquês estão muito novos em minha vida. Mas, se for para somar a favor, irei a diante.

– Sei que quando você cisma com algo, nada irá fazê-lo voltar atrás. Sempre admirei sua coragem, mesmo que eu tenha medo, não posso deixar de entender o seu desejo. Querido, passamos por poucas e boas e estamos juntos. A sua trajetória deixa claro que você é uma pessoa especial. E se tiver vivido algo com relevância suficiente para desestabilizá-lo, mesmo sendo forte, não temes? E se tiver vivido, amado outra mulher, voltará a senti-la igual no passado? Realmente são muitos porquês. Tenho meus receios, mas estou pronta para respeitar a sua decisão.

– A nossa mente é realmente poderosa, mas não posso ser refém dela. Quero algo que me traga respostas. Estou blindado contra o que possa me causar mal. Vivo uma fase que seleciona o que deve ser relevante ou não em minha vida. Querida, não tema. E falando em romance acredito que essa não é a única vez em que nos encontramos. Quero chegar no nosso momento, sou feliz hoje e quero saber aproveitar a minha vida com tudo o que Deus tem me dado de bom. O momento presente é o que posso ter de mais valioso em mãos, essa consciência fará feliz a mim e a quem me cerca. O passado pode ser triste, mas passou, juntando as experiências vividas, somando as novas, pode ser muito bom o resultado. Lembre-se sempre, te amo. Todo o conjunto da nossa obra servirá como lembrança em momento de dúvida. Por mais frágil que seja alguns instantes, atitude fria ou até mesmo a rotina e preocupações, lembre-se que fiz o possível para ter você nessa e, quem sabe, em outras vidas.

O olhar de Vivian brilhou, há muito tempo não a via assim, nos demos as mãos e ficamos nos contemplando, sem nem mais uma palavra durante o jantar, nos fitamos feito o tempo de namorados.

Em uma manhã, enquanto todos ainda dormiam, fiquei observando Gustavo no seu sono inocente. Eu sempre pensei em filhos sendo um complemento de uma união fundamentada em amar, tive sorte que assim ocorreu no meu caso. Mas algo me diz que, em outros momentos, optei por não os ter. Terminei de ler o livro e decidi que iria fazer a pensada regressão. Meus questionamentos aumentaram, querendo respostas pensei que, ao voltar ao passado, isso fosse diminuir as minhas dúvidas do presente.

Olhei novamente para Gustavo, perfeito, todo pequenino, a vida lhe faria um homem, que divino! E fiquei pensando, Deus, de onde surgimos? Para onde vamos após a morte? Que silêncio é este que nos cala a alma quando perdemos um ente querido? Nós voltamos aqui? Quando teremos respostas? Será que só a morte pode responder? Jesus dizia "Creia, para depois ver" e, nos ensinamentos dele, fundamento o meu crer. Fiquei em silêncio e me comuniquei com o meu criador, sensações boas me vieram e descobri que estou no caminho certo. Próximo e invisível, mas extremamente confortador, percebi que os meus questionamentos são pequenos, toda a sua grandeza está presente à nossa volta e que todas as minhas dúvidas serão sanadas se viver acreditando em sua suprema bondade. Senti, ao olhar esta criança, que até mesmo a dúvida sobre o que acontece após a morte será desfeita e, quem crê verá.

Resposta recebida, continuei a conversa com Deus. Quando a ciência prova que viemos de uma evolução gradativa acredito que é fato, mas sem o poder divino aquele que estudou não conseguiriam explicar muito sobre o Universo. Chego a sentir certa graça pois ainda duvidam de onde viemos. A terra solta no espaço, mas presa pela gravidade de sua órbita, que nos garante a vida. Serão detalhes apenas ou pouco paramos para pensar no maior, onde estamos e quem somos? Somos apenas bactérias que sobreviveram a um clima favorável e atmosfera apropriada? Somos parte de um plano maior, sentimentos e emoções que nos movem a um entender superior? Viver com o propósito de evolução, sem cobrança ou pressa, cada qual no seu tempo, tendo a maravilhosa oportunidade de crescer no Universo, com o nosso Deus criador supremo.

Acho que acordei Gustavo com a conversa mental.

– Certo meu pequeno, é hora de trocar as fraldas, vamos lá ao trabalho.

Alguns dias depois, procurei por um profissional que realizasse a regressão a vidas passadas. Depois de muito pesquisar, encontrei uma psicóloga com consultório que ficava no centro da cidade.

Toquei a campainha, logo a seguir apareceu uma jovem, que abriu a porta e perguntou se meu nome era Guilherme, o que marcara com a Doutora Bela. Disse que sim. Caminhamos por um corredor bem arejado, com um jardim vertical em uma das paredes. A luz do sol chegava a vontade ao caminho, que era aberto em uma das laterais. No final desta passagem estava o consultório, o local me agradou. A jovem, provavelmente secretária, abriu uma porta e me apresentou à Doutora Bela. Com um sorriso amigável e um aperto de mão suave, iniciamos com apresentações, ela me disse qual era sua especialização no ramo da psicologia. Fiquei confiante com o que ouvi e, depois de sua apresentação, era a minha vez. Respondi um questionário e ficamos mais de duas horas em consulta, ela perguntou sobre minha vida, rotina e histórias que foram relevantes e o principal, o que me levara a procurar a regressão.

Me senti confiante e disse que parecia ter algo em minha vida anterior que precisava ser sabido e isso me trazia um certo desconforto, fiquei curioso e por isto estava lá. Ela comentou que estudaria o meu pedido e agendou para que eu voltasse na próxima semana. Em alguns casos não era aconselhável a terapia, mas, a princípio, no meu caso parecia ser possível a prática que me levava a procurá-la.

Cheguei em casa, Vivian estava brincando com Clara, lavei as mãos no banheiro e logo fui abraçá-las, me juntei a elas no tapete da sala, Gustavo dormia.

Minha amada perguntou como foi a consulta, respondi sua pergunta e ficamos ali até nossa ajudante aprontar o jantar. Clara encantava, menina suave, sorridente e muito ágil, nas brincadeiras gostava de ter vários brinquedos a sua volta, logo se cansava de um e pegava outro. Adorava os de encaixar, mas era tudo muito rápido. Diferente de mim, ela sempre foi ligeira nas brincadeiras. Era fascinante esses momentos, eu não via a hora de apresentar um livro e contar-lhe histórias na hora de dormir. Vivian dizia que adorava me ver brincando com as crianças, trazia alegria a ela. Naquela noite dormimos de mão dadas.

Chegou o outro dia da consulta, estava curioso pela resposta da terapeuta, entrei no consultório, ela me perguntou como tinha passado a semana, se existia algo que gostaria de compartilhar. Comentei sobre a minha expectativa sobre a terapia, ela sorrindo disse:

– Estudei o seu caso e não vejo nada que nos impeça de realizar os procedimentos.

Perguntei então:

– Quando começamos?

– Preciso de mais algumas informações, será necessário nos conhecermos bem, mais algumas semanas e iniciaremos. Alegre-se Guilherme, pois logo estará em contato com suas outras vidas.

Passadas algumas sessões, chegou o dia de iniciarmos os trabalhos. Curitiba fazia frio. Cheguei ao consultório, que estava com o aquecedor ligado, tirei o casaco, os sapatos e fui orientado a deitar-me em um divã. A terapeuta trabalhou minha respiração e, de olhos fechados, pediu que imaginasse um local onde tivesse árvores, flores e pessoas sábias transitando por esse lugar. Banhados de luz, enxerguei esses seres caminhando neste bosque. De repente, a voz da terapeuta foi ficando distante e vi uma bolinha preta girando velozmente com movimento circular, que foi transformando o cenário anterior na imagem de um menino correndo em uma estrada de terra. Ele gritava:

– Padre Zito, padre Zito, padre espere um pouco!

O menino tinha aproximadamente uns nove anos e corria atrás de um padre que estava montado em cima de um burrico. Os chamados foram atendidos.

– Olá Guinho, o que quer? Pegue um ar menino, pare com está gritaria, o que houve?

Ofegante de tanto correr, Guinho foi falando enquanto se recuperava da corrida.

– Padre o que é ter uma mulher na cama? E quando a gente casa e dorme com ela na mesma cama todos os dias?

– Que tipo de conversa anda assuntando menino? Quem colocou essas histórias na sua cabeça?

– Os meninos mais velhos da rua de baixo vão contar para meus amigos e eu de que jeito se faz uma criança. O senhor sabe? Me conta padre, por favor, quero ir informado, se possível sabendo, só para dizer que não somos criancinhas, igual nos chamam. Padre conta vai!

– Chega desta história Guinho, senão vou fazer lavar a sua boca com sabão e lhe dar uma penitencia do tamanho de suas peraltices. Quantas vezes tenho que lhe dizer para não andar com esses moleques malandros, só vai aprender sem vergonhices. Cadê seu pai?

– Está viajando a trabalho.

– Escuta bem, o que vou lhe dizer, este é um assunto de homens, nem pense em perguntar para a sua mãe, que ela vai lhe dar bronca. Espere seu pai chegar e, já que não tem jeito mesmo, deixe ele te contar, é melhor do que saber por esses malandrinhos.

– Quer dizer que já sou homem!? Posso saber essas coisas que coram o rosto das mulheres e, as meninas pobrezinhas, não sabem.

– Homem? Idade você não tem menino confiado! Agora vá e pare de me atormentar com suas questões. Obedeça! O que eu disse é o que você pode saber.

O padre cutucou a barriga do burrico com os pés e pronto estava para seguir o seu caminho.

– Padre Zito, padre Zito!

– O que é menino, pare de me amolar.

– Só mais uma coisinha bem pequenininha, vai sobrar hóstia sem estar benzida amanhã depois da missa?

O sacerdote deu um leve sorriso.

– Passe na sacristia depois da missa, me aguarde lá, e tem mais, não conte para os outros meninos que você ganha hóstia que chegam da mercearia antes de subirem ao altar e serem consagradas. Fica sendo um segredo nosso certo? E tem outra, se não assistir à missa nem passe por lá, estamos entendidos?

– Sim padre, pode confiar em mim. Sua benção.

– Deus te abençoe, vá.

E assim seguiram seu caminho embaixo daquele sol forte.

– Guilherme volta, vou contar até três, volte por todos os lugares em que passou na ida. Um, dois, três.

Podia ouvir a voz da terapeuta, que dizia:

– Respire lentamente e abra os olhos.

Abri os olhos e estava de volta, maravilhado com o realismo do que vivi, eu podia lembrar com detalhes as cenas vistas. Tivemos uma conversa breve sobre conseguir o tempo, a época que acontecera, disse-lhe que não conseguia ver, mas a julgar pelas roupas fazia mais de cem anos. Fui embora e, na próxima sessão, fiquei mais tempo no passado.

Era de tardezinha e, eu o menino Guinho, trazia numa carriola uma trouxa de roupas para lavar, cheguei em casa e entreguei para minha mãe.

– Obrigado filho, amanhã de tarde você as leva de volta limpos para dona Gisa.

Gisa era dona de um bordel, minha mãe lavava roupas para ela. Sempre que eu ia entregar suas roupas, ficava espiando, tentando ver o que acontecia naquela casa, que parecia ser movimentada durante a noite. Em uma destas tardes entreguei as roupas pela entrada da cozinha como sempre fazia.

– Oi dona Gisa, aqui estão as roupas que mamãe mandou entregar.

– Boas tardes Guinho, já trago seu dinheiro, aceita um pedaço de bolo de fubá?

Desde que chegara, era impossível tirar os olhos da mesa apetitosa. Achei que as moças que moravam lá iam merendar, balancei a cabeça dizendo que sim. Nisto entrou uma exuberante moradora do recinto, Rosa. Ela me conhecia de outros dias, às vezes nos víamos pela cidade e ela sempre sorria para mim, quando não tinha ninguém bisbilhotando seus passos, ela me cumprimentava.

– Oi Guinho, tudo bem rapazinho? Pode deixar Gisa eu sirvo um pedaço de bolo para o mocinho.

– Oi dona Rosa, tem roupas para lavar? Posso leva-las na hora que for embora, minha mãe capricha, é uma lavadeira dedicada.

– Acredito, bom menino, mas eu mesma lavo as minhas roupas, tome este chá e coma este bolo quentinho.

Enquanto me servia ela me olhava com olhar carinhoso e me perguntou:

– Guinho, você está sem sapatos, não lhe dói os pezinhos caminhar por este chão batido descalço?

– Tenho uma sandália, mas é de ir na missa e andar na cidade, aqui me viro assim, estou acostumado, nas brincadeiras de rua corro feito um leão, mesmo descalço os meninos mal me alcançam. A senhora podia ver um dia desses.

– Sim, eu adoraria e acredito mesmo que é muito veloz, mas façamos o seguinte, eu tenho aqui umas roupas e sapatos que devem lhe servir, acho que são o seu número, quer para você?

– Sapatos para usar com meias?

– Sim, gostaria? Vamos fazer melhor, pergunte para sua mãe se ela aceita e na próxima vez que vier aqui você os leva, combinado?

– Dona Rosa, a senhora tem filhos do meu tamanho?

Perguntei inocentemente, sem saber se poderia magoá-la, lágrimas rolaram de seus olhos.

– Desculpe dona Rosa, o padre Zito disse que sou mesmo curioso. Posso lhe ajudar, por favor não chore, fico para me acabar quando vejo uma mulher chorando.

Ela soltou um leve sorriso, enxugou as lágrimas, mudou logo de expressão e disse:

– Não gosta de ver uma pessoa chorando, viu acertei, você é um bom menino, apenas lembrei de alguns fatos da vida de adultos, você não merece encher sua cabecinha com problemas. Agora me dê um abraço forte que eu esqueço que chorei.

Dona Rosa tinha um suave perfume e acredito que o meu abraço curou sua momentânea tristeza.

Comi o bolo na sua companhia e a cozinha ficou cheia de muita alegria, as moças daquela casa eram sorridentes, bonitas, maquiadas e com roupas finas que deixavam seus corpos aparentes. Fui embora feliz da vida, porque será que minha mãe poderia não aceitar as roupa e sapatos doados? Encafifado com a questão cheguei em casa com o dinheiro e fui falando o que acontecera. Ela me respondeu:

– Guilherme eu já não disse para não se envolver em falatório com pessoas mais velhas? Você é muito levado! Pode

aceitar sim as roupas, mas obedeça ou vou falar com seu pai e ele lhe dará uma bela sova, entendeu menino?

Eu estava cheio de perguntas, porque aquela casa era tão proibida? As pessoas e as moças tinham um ar misterioso que as envolviam, pensei em perguntar para o padre. E se ele me delatasse, iria valer uma surra satisfazer minhas curiosidades? Na outra semana fui de sandálias para mostrar a dona Rosa.

A porta da cozinha estava aberta, bati palma e chamei.

– Boa tarde! Dona Gisa trouxe as roupas!

Dona Gisa me atendeu.

– Oi pequeno, trouxe minhas roupas sempre limpinhas, obrigada.

Tirou o dinheiro do meio dos seios e disse:

– Agora vá, hoje você se atrasou estamos atarefadas.

– É que eu tomei banho e me arrumei antes de vir, dona Gisa.

– Vá meu pequeno, não quero chatear sua mãe.

Eu estava indo embora, de cabeça baixa, engolindo para pedir para falar com dona Rosa, quando ela surgiu.

– Espere Guinho, que bom que veio mocinho, achei que tinha desistido do sapato.

Fui logo falando.

– De jeito nenhum, olha, trouxe minha sandália para a senhora ver, ela não é bonitinha para eu usar nos cafundós dos judas?

– Sim Guinho, são muito bonitas, deixe-me ver de perto, que belas!

Olhou valorizando minhas sandálias e minha roupinha, bermuda de linho e camisa de botões.

– Olhe o que separei para você, veja se gosta.

Dona Rosa era a mulher mais bonita e gentil que conhecia. Os sapatos ficaram um pouco grandes, mas eu disse sem pestanejar.

– Tudo certo, eu coloco algodão nas pontas, olha vai ficar supimpa e depois outra, vou poder usar bastante é um truque de minha mãe.

Os sapatos eram brilhosos de cor marrom, eu poderia engraxá-los, já estava até esquematizando tirar das minhas moedas o dinheiro para comprar a escova e a flanela para ele ficar tinindo de bonito. Sem perceber fiquei até com pressa de ir embora, queria mostrar para minha mãe. Agradeci a dona Rosa, estendi meus braços para ela, que se abaixou e me abraçou. Fui embora muito feliz com a nova amiga e com os sapatos marrons.

Nos dias que se seguiram eu e dona Rosa sempre conversávamos quando eu ia entregar as roupas, uma vez por semana. No terreno tinha um banco de madeira que pegava a sombra de um pé de manga, sentávamos ali próximos um do outro. Às vezes eu a fazia rir tanto que ela me abraçava e me chacoalhava me fazendo cócegas.

– Guinho olha, os moleques que apanham manga desse pé não viram aquelas ali, pega para mim? – Ela pensou um pouco – Melhor não, deixa que eu mesmo subo.

– De jeito nenhum, dona Rosa, eu sou o menino que, de toda estas passagens, nunca caiu de um pé de manga, caqui, laranja, jabuticabeira ou ameixa.

– Verdade, verdadeira?

Abaixei a cabeça, esfreguei as mãos.

– Quase verdade.

– Não brinca, você alguma vez se machucou? – Ela perguntou, com ar de espanto.

– Que nada, a senhora nunca notou que sou forte feito touro?

Levantei do banco e mostrei o meu muque para ela, os meus bracinhos eram magros que só, as canelas então... ela riu muito e me disse uma palavra que nunca tinha ouvido.

– Adoro isto em você, é uma criança espirituosa. Vamos fazer o seguinte, subimos juntos.

– Oba! Vamos.

Ela tirou os chinelos de salto, fez um nó no meio da saia, me ergueu até o tronco e depois subiu no lugar mais alto, disse que era importante que eu ficasse na base do tronco, a fim segurar as mangas que ela apanhasse. Assim fizemos, sem perigo descemos e nos fartamos com as mangas, dona Gisa saindo da cozinha, nos viu.

– As duas crianças deixaram uma manga para mim?

Olhamos um para o outro e encolhemos os ombros.

– Ih!!! – Exclamou dona Rosa.

Eu estendi os bracinhos finos segurando um caroço meio mascado.

– Olha dona Gisa, se a senhora procurar bem ainda tem lugar que dá para mascar.

Vendo a cena, as duas se olharam e não seguraram os risos.

Assim se passaram nossos encontros, nossa amizade se fortalecia. Eu estava orgulhoso por ter uma amiga adulta e boazinha, que conversava e tinha momentos só para mim. Em relação a mim, dona Rosa sentia um certo saudosismo. Até que um dia ela me contou porque se encontrava tanto comigo, na minha cabeça eu era apenas um garotinho pobrezinho sem eira nem beira, muito falante. Descobri que, para ela, me entendia muito mais que isto.

Estávamos sentados no banquinho e ela disse:

– Sabe Guinho, vou te contar um segredo, você sabe guardar segredos?

Cruzei os dois dedos indicadores na boca e dei dois beijinhos.

– Sei sim, pode confiar.

– Certo, vou te contar – Respirou fundo e disse – Eu tenho um filhinho, e faz muito tempo que não o vejo. Ele é quatro anos mais velho que você e, na última vez que o vi, ele tinha sua idade.

– Dona Rosa, deve ser muito bom ser seu filho. Mas porque estão separados e a senhora mora aqui longe dele?

– Existem momentos para sabermos de certos problemas que a vida nos oferece e você, apesar de ser um bom rapazinho, terá idade para entender tudo isto só mais à frente. Mas se Deus quiser um dia eu te conto, lhe adianto que não é por falta de amor, nós nos amávamos e acredito que ele se recorda de mim com carinho e afeto.

– Não entendo mesmo porque duas pessoas que se amam podem se separar, devia ser proibido, a senhora não acha? Uma mãe nunca deveria ser separada do filho.

– Sim querido, por motivo algum uma mãe deveria ser separada do filho. Mas tem algo de bom que quero lhe contar, eu ensinei meu filho a ler e escrever, você quer que eu lhe ensine?

Coloquei as duas mãos no rosto:

– Meu Deus do céu, obrigado, obrigado meu Deusinho, o senhor ouviu as minhas preces. Se quero? É meu sonho! E depois, posso ensinar para minha mãe?

– Claro Guinho pode sim, o conhecimento pode ser compartilhado.

– Compartilhado? O que significa compartilhado?

Ela colocou a mão no meu ombro.

– Vou te ensinar meu amiguinho.

Ficamos ali em devaneios, mas eu estava com pressa, precisava contar para minha mãe logo. Me despedi e fui correndo, olhando para traz e dizendo:

– Até semana que vem, se a minha mãe deixar.

Rosa me respondeu alto, para que eu ouvisse pela distância:

– Peça a Deus que ela deixa! – E me acenou.

Chegando em casa corri para minha mãe, lhe entreguei o dinheiro das roupas e contei o que Rosa me dissera. Ofegante de correr e eufórico pelo convite, fui pedindo a autorização, me atrapalhando com as palavras.

– Calma menino, explique direito, dona Rosa o que?

– É isso mesmo, ela quer me ensinar a ler, a senhora deixa mãe, deixa né? Eu prometo, vou ser mais obediente e arranjar mais fregueses para a senhora, nem que eu tenha que andar léguas, deixa mãe?

– Não sei não, aquele não é ambiente para criança.

– Porque não? Eu vou aprender na cozinha, prometo que não entro no resto da casa, dona Rosa não deixa. Mãe porque é proibido entrar lá pela frente? Eu sempre vou pelos fundos.

– Porque você é criança, porque você leva as roupas, é um serviçal e eu não quero filho meu bisbilhotando ali. Além do mais, seu pai rejeitaria a ajuda delas.

– Por quê? O que dona Rosa fez para o pai?

– Tá vendo, por que, por que, por que? Esse é o problema, tudo você quer saber.

Enchi os olhos de lágrimas, me encolhi em um canto da casa.

– Eu não fiz nada mãe, só quero aprender.

Ela foi para a cozinha de coração apertado, me deixou chorando.

Fiquei horas ali, vendo o meu sonho se esvair entre as palavras de adulto, que ficavam martelando na minha cabeça. Depois de horas minha mãe veio me falar.

– Tudo bem filho, vamos ver o que vai acontecer. No começo ficamos sem contar para o seu pai, agora fica avisado, se eu ouvir isso daqui de reclamação ou souber que me desobedeceu, te dou uma coça de criar bicho, entendeu menino?

– Entendi, pode deixar, não vou desobedecer.

Eu nem sabia o que devia obedecer direito, mas prometi assim mesmo. Chegou o dia da primeira aula, eu estava arrumado de meias e sapatos. As roupas meio amarrotadas, mas limpinho. Passei vaselina no cabelo, peguei um pouco no banheiro nas coisas do meu pai. Era início da tarde, minha mãe estava lidando com as roupas que lavava para suas freguesas. Quando me viu começou:

– Ai, meu Deus do céu! Isto não vai ser certo, o que é isto menino? Para que se arrumar tanto assim para ir para aula? Não é domingo e tão pouco está indo à missa.

– Mãe, hoje é um dia importante da minha vida, o primeiro dia de muitos que virão, estou indo compartilhar conhecimento.

Ela chacoalhou a cabeça e disse baixinho para si mesma:

– Deus me defenda. Então vai, lembra, estou de olho.

Eu fazia entrega das roupas, isto é, as trouxas pequenas que conseguia carregar na carriola, mais tarde estava livre, até o sol secar outras remessas. Mas enfim, estava no meu horário e segui o meu caminho naquele sol de rachar. A poucos metros da casa peguei meu lenço, enxuguei meu rosto suado, tirei a poeira dos sapatos e fui para o primeiro dia de aula, um dia que seria inesquecível na minha, ainda pouca, vida. A porta da cozinha ficava aberta, bati palmas e disse:

– Dona Gisa, dona Rosa!

Logo veio Rosa com cadernos, lápis e borracha.

– Boa tarde meu aluno dileto.

Fiquei pensando o que será dileto, mas lembrei de minha mãe falando da minha tamanha curiosidade, que as vezes a aborrecia. Me calei.

– Tudo certo contigo? Sua mãe aprovou as aulas?

– Sim.

– Levou bronca?

– Sim.

– Está nervoso, com medo, o que lhe aflige, conta?

– Minha mãe disse que falo muito e sou muito curioso e isto a aborrece, se eu não obedecer vou apanhar e pior, ela me proibirá de vir aqui.

– Entendo, então vamos combinar, o que for assunto de aula você pode perguntar, o que for assunto de adulto e outras conversas deixamos para lá. Assim fica melhor para você?

– Sim. A senhora sabia que eu vinha, preparou lápis e caderno.

– Perfeitamente, para que perder tempo? Só quero lhe dizer uma coisa, sei que sua mãe é uma boa pessoa, pode ser braba, mas ela pensa no teu melhor, tenha certeza disto Guinho e ela faz o que está ao seu alcance. É uma guerreira. Mas escuta, todo arrumado até de sapato, ficou lindo! Podemos começar?

– Sim.

Ela sorriu e, na mesa da cozinha, começaram as minhas aulas.

De volta ao tempo presente, em um final de semana, Vivian e eu conversamos, contei a ela a história que tecia com sessões de terapia.

– Querido, estou maravilhada, vidas surgiram, conta mais, menino fascinante. Você vai até a idade adulta? Vai continua, estou curiosa.

– Vou saber o possível, espero que consiga o máximo de informações, mas muitas passagens ainda ficam encobertas. A terapeuta e eu achamos melhor não forçar, deixamos fluir.

– É impressionante, nos dias de hoje você é sério, mesmo quando criança era de poucas conversas, terno e sensível, mas de pouca graça. Entendo que tudo que passamos desde a infância te endureceu um pouco, mas quando o vejo brincando com as crianças, doando seu tempo para elas, percebo talvez um pouco do Guinho sorridente, leve. Nossos filhos lhe deram algo que eu não consegui, uma sobre vida que lhe faltava, algo ficou diferente e melhor.

– Estou me completando e, sem você, teria que adiar talvez uma vida, minha amada você é imprescindível na minha jornada.

– Será mesmo? Às vezes sinto que daria outro jeito, se apaixonaria por uma mulher que não o sufocasse. Tenho receio de querer ser tudo em sua vida, será que estou agindo certo? A impressão que tenho é que corro atrás enquanto você aguarda o resultado para ver o que será e ter uma atitude.

Eu lhe respondi:

– Eu fico pouco a vontade de lhe impor realmente o meu desejo, quando estava doente principalmente. Te amo, mesmo à distância isto é real para mim, é fato. Quais são os propósitos de Deus, eu não sei, mas eu deixo acontecer e isso me basta. Mas de algo tenho certeza: é incontrolável, apenas sinto amor por você, com muita força. Quanto ao mais, as respostas virão com o tempo.

– Tenho que viver lhe conquistando?

– Relaxe, te amo e nada vai mudar este quadro a não ser que você queira, e faça um esforço enorme para isto. Sinto que somos mais que um romance, temos histórias para contar, momentos a viver, posso crer que tem algo a se realizar. Que enfrentaremos unidos, somente pelo que sentimos, guiados por Deus.

– Sinto o mesmo, mas é bom ouvir de você, deixe de estar só. Agora te peço, não fique triste.

– Desculpe nem percebi, vou melhorar meu aspecto, é o meu jeito, não depende de você. Agora me dê um sorriso, quero ver o brilho dos teus olhos. Minha amada, te amo.

Depois do que ouvi pensei que deveria reagir, fiquei mais atento, tinha um tesouro, a minha mulher.

Em outras sessões voltei a reviver o meu passado.

Levei para casa os cadernos e mostrei para minha mãe o que estava aprendendo. Ela ficou visivelmente emocionada, uma vez que não conseguia me colocar na escola. Eu estava obediente, até mesmo menos proseador, mas as palavras que queria saber o significado eu perguntava à minha professora. Assim agia, conforme o combinado. Todas as tardes eu tinha aula, usava uma troca de roupa todos os dias como sendo meu uniforme, só lavava no final de semana, por isso não usava quando brincava ou trabalhava, era exclusivo para os meus momentos de aula. Tudo caminhava bem, até que em uma tarde meu pai apareceu na porta da cozinha de dona Gisa, com a cinta nas mãos.

– Guilherme, arruma as tuas coisas e vamos embora, em casa conversamos.

Dona Rosa assustada perguntou:

– O que houve, o senhor está nervoso? Não quer um pouco de água com açúcar?

– Muito agradecido, mas meu filho não bota mais os pés aqui. Vamos Guilherme ou você quer apanhar aqui mesmo?

Com os olhos cheio de lágrimas arrumei o meu material, enquanto soluçava, escondendo o choro.

– Por favor pai, deixa eu vir.

– Cale-se, não quero ouvir uma palavra sua até chegar em casa. Anda ligeiro menino.

Dona Rosa tentou argumentar.

– Tenha calma seu Custódio, qual o motivo desta decisão? O seu filho é um bom garoto, inteligente, aprende com facilidade. Vamos conversar, por favor me acompanhe.

– Sei mesmo que aprende com facilidade o que coloca na cabecinha dele.

– Auto lá, o senhor não tem o direito de me ofender, se tem algo da vida que aprendi é respeitar as pessoas. Jamais faltaria com respeito a uma criança e sua família, que me confiou

a tarefa de ensinar. Calculo a sujeira que infestaram a suas ideias, de que calúnias estou sendo acusada e de quem partiu?

– O que chama de caluniador é um padre.

– Padre Zito?

– Ele mesmo, agora basta que não lhe devo satisfações, vamos Guilherme.

Meu pai me pegou pelo braço, sapecou a cinta nas minhas pernas e costas. Eu apanhava e olhava para trás e via dona Rosa chorando, quanto mais ela argumentava mais meu pai me batia.

– Por favor, chega de bater, ele não tem culpa de nada, outro dia resolvemos o mal-entendido com mais calma.

À distância, nos braços de dona Tina, Rosa chorou enquanto caminhávamos pela estrada, de longe ele gritou:

– Se pensa mesmo nele, nunca mais nos procura.

Chegando em casa, ouvia quieto, engolindo o choro enquanto apanhava.

– Eu avisei, você é um menino confiado, besteirento, devia lhe bater na boca seu atrevido.

Apanhei até ele perder as forças. A dor era tamanha que minha voz não saia, fiquei miando no canto da sala. Meu sonho de criança se acabara, perdera a minha melhor amiga, era isto que doía, mais do que meu corpo cheio de vergões avermelhados.

Aquela noite passei gemendo de dor, minha mãe passou uma solução de óleo e fumo nos vergões, que aliviava a dor. Mas a promessa era que, se eu não parasse de manhã, iria apanhar mais. Quieto, depois de pelejar, peguei no sono. No dia seguinte meu pai viajou cedo, fiquei com menos medo. Com minha mãe me sentia mais protegido. Depois do almoço voltei para cama, ela me poupou de entregar as trouxas de roupas. Minhas costas estavam castigadas. Assim que deitei, ouvi a voz vinda de fora.

– Dona Amélia!

Era voz de padre Zito.

– Viemos lhe falar.

Minha mãe veio de dentro e apareceu na sala onde a porta deveria estar aberta.

– Boa tarde padre, dona Rosa como vão?

Quando ouvi a voz deles cumprimentando mamãe, tive esperança, será que voltaria a estudar? Agachei os joelhos no chão, com o tronco sobre a cama, fiquei quietinho ouvindo a conversa. Quis saber o que aconteceu para o meu pai ter tido aquela atitude. Engoli minha curiosidade e fiquei torcendo apenas para o melhor. Padre Zito começou a conversa.

– Seu marido está?

– Não, viajou.

– Dona Amélia aconteceu um grande mal-entendido a respeito do seu filho Guinho.

– Mal-entendido padre! – Irritada, ela foi falando sem freios – O senhor foi bastante claro a respeito das perguntas que Guinho o fez ainda outro dia. Contei ao pai dele, que por ventura não sabia que ele estava frequentando a casa das moças e, muito menos, que uma mulher dama estava lhe ensinando a ler e escrever. Me desculpe dona Rosa, mas está é a verdade, agora me digam, de onde veio estas caraminholas plantadas na cabeça dele? Diga-me se não é culpa dos lugares onde ele frequenta?

– Dona Amélia, aí está o mal-entendido, ele não viu, nem ouviu nada da casa de dona Rosa. Foram os moleques da rua que plantaram estas dúvidas aos meninos mais novos da vizinhança.

– Tá vendo, os mesmos moleques da rua que, se não sabem ainda, logo vão ficar sabendo onde Guinho aprende a ler e escrever. E o senhor sabe como são estes meninos, irão zombar e falar mal do meu filho. Tem jeito, não! É triste, mas o pai dele tem razão.

Rosa, que estava ouvindo, chamou minha mãe à razão dizendo:

– Amélia, apelo para o seu bom senso, imagino o estado do menino ao levar tantas cintadas, jamais vi algo tão cruel contra um inocente, me faltaram as pernas, não quero lhes ensinar como devem educar seu filho, apenas peço lucidez

para enxergar com clareza a questão que nos trouxe aqui. O seu filho quer aprender, ele tem desejo de ser alguém, não lhe roube este sonho. Concordo, não é o local ideal, eu não sou o que pode se chamar de professora de boa reputação, mas pobrezinho, o que a senhora pode lhe oferecer, crescer sem saber fazer contas, nem ler ou escrever sequer o próprio nome? Que futuro terá este homem neste mundo, vivendo nesta vila esquecida no tempo? Sempre existirão os moleques da rua, pessoas a terem este tipo de comentário, ensine dentro de casa os seus princípios e valores, não permita que o contaminem com preconceitos. Sempre a admirei dona Amélia, sei que leva uma vida dura juntamente com seu esposo, percebo que a senhora sempre tratou a mim e as meninas da casa com respeito, talvez por isso eu tenha prestado atenção no seu filho. Conheci um menino amável, doce, florescendo para a vida, não acabe com as perspectivas deste ser humano.

Minha mãe ficou em silêncio. O padre completou:

– Filha, aos olhos de Deus somos todos iguais, podemos pecar de maneiras diferentes, mas ainda assim somos nós irmãos e filhos do mesmo Pai. De que maneira julgar o que nos leva ou levou a termos uma vida diferente do próximo, quem é melhor ou pior? Amélia, sei pode interceder a favor do seu filho junto ao seu Custódio, se quiser falarei com ele. Ponha uma pedra sobre esta questão e deixe o menino seguir com suas aulas. Tenho certeza que dona Rosa se compromete, mais uma vez, a ter todos os cuidados com estes assuntos delicados. Não é mesmo dona Rosa?

– Tenha certeza de o quanto prezo por seu filho, jamais passaria por cima de seus valores. Desejo apenas lhe transmitir o saber que aprendi em colégio de renome. Um dia, quando tiver um tempinho, ficarei feliz em lhe contar minha história. Mas agora, eu posso ver o menino?

Mamãe deve ter mostrado o caminho do quarto a Rosa, enquanto servia uma xícara de chá ao padre. Em seguida ouvi a voz de Rosa na porta do quarto me chamando bem baixinho.

Levantei-me com cuidado, ela ao ver minhas pernas tentou disfarçar as lágrimas e a voz e disse-me:

– Caro Guilherme, eu não desisti de você, vamos buscar dias melhores, venha, vamos ver o que sua mãe tem a dizer.

Ela me abraçou com cuidado, enxugou as lágrimas, me pegou pelas mãos e me levou até a sala.

O padre me vendo perguntou:

– Então Amélia, caso encerrado, vai devolver o sorriso deste rostinho?

– Está certo padre, vou falar com Custódio, ele é um bom homem, às vezes deixa pesar a mão, mas é para o bem do nosso pequeno. Mas peço que o senhor e a dona Rosa não me tragam mais este tipo de problema para resolver. Vocês têm mais recursos do que eu, para explicar as coisas como se deve ser. Deixo a educação dele nas mãos de vocês.

Estenderam as mãos e se cumprimentaram. Logo após assuntos mais descontraídos, partiram, deixando um sorriso e a certeza de que eu conhecia pessoas preciosas, que fariam diferença para o resto da minha vida.

CAPÍTULO 14
SENTIMENTOS

Continuei indo às consultas, fazendo a regressão. Continuava sendo Guinho, mas agora já estava com uns dezenove anos.

Eu partira da cidade, a caminho da vila onde morava quando criança. Pelo que percebi estava instalado em uma pensão na cidade. Sobre o meu cavalo, que trotava pela estrada de chão, eu vinha deixando a poeira levantar. Na chegada, mamãe largou seus afazeres e veio me receber.

– Filho, que bom que veio, desta vez demorou mais do que de costume, porque não trouxe suas roupas para serem lavadas?

– Calma mãe, uma coisa de cada vez, senti saudades, mas não pude vir a semana passada. Tenho novidades, vão construir a sonhada igreja do padre Zito, vou trabalhar uma temporada aqui.

– Deus seja louvado! A alegria do padre vai ser imensa! E quanto suas roupas?

– Ah sim, deixei uma mocinha da pensão lavá-las, assim a senhora não se preocupa mais com esse afazer. Fique tranquila, é hora de descanso, a senhora trabalha muito. Falando nisso aqui é o dinheiro do mês, vê se compra um vestido novo mamãe, este está muito surrado.

– Não precisa se preocupar comigo, ainda estou muito forte para ser sustentada. Está certo, sei que fica chateado com esse assunto. Me conta, o que mais tem feito?

– Tenho trabalhado nas plantas de construções, seu Constantino tem me acompanhado de perto, fiz algumas que ele apenas assinou o projeto, agora vem a igreja que é especial para nós, que vamos trabalhar na obra, promete ficar uma construção muito bonita.

Eu me virava para me manter, apesar de não ser engenheiro entendia das obras e riscados. Meus conhecimentos eram todos vindos de pessoas que convivia e de minha curiosidade. Nunca havia frequentado escola, mesmo sem estudos oficiais eu estava bem amparado no requisito saber, graças aos meus velhos conhecidos. Depois do almoço fui até a igrejinha do padre, como sempre fazia quando ia a vila.

– Sua benção padre Zito.

– Guinho meu filho, Deus te abençoe, de cá um abraço. Estou ficando cada dia mais saudoso.

– Porque não assistiu à missa? Ia gostar do sermão, falei sobre a ressureição do nosso senhor e o renascimento a cada novo dia.

– Hoje tive a manhã para fazer alguns consertos lá em casa, mas padre foi bom tocar neste assunto do sermão de sua missa.

Padre Zito sentou-se, endireitou os óculos e ouviu com atenção.

– Semana passada, enquanto fazia minhas orações, me veio uma imagem bastante nítida, vi Jesus morto, depois sepultado em sua tumba e dentro dela pessoas cuidando de seus machucados. Jesus estava deitado de lado e um homem cuidava de seus ferimentos com bastante cuidado, uma mulher com bacias de água de rosas limpava seu rosto, outra fazia curativos em suas mãos. Ficaram os três dias zelando pelo Senhor. Fiquei impressionado padre, sabe algo sobre os três dias que Jesus ficou sepultado?

– O que este velho padre sabe é que ele ficou em sua tumba fechado estes dias e, depois, a pedra foi removida e já não encontraram Jesus mais lá, ele havia ressuscitado. Quem sabe filho, nunca tinha pensado em algo assim, mas sim, pode, porque não? Anjos cuidaram da volta do filho de Deus, mesmo porque o estado que o deixaram foi terrível, tinha muitos ferimentos. E depois, quando ele apareceu aos que lhe eram caros, estava com aparência de outrora, com poucos ferimentos, bem evidentes eram as mãos e pés perfurados, ainda vistos a olhos nus. Fico contente que você se lembre de orar, muito bom filho, Deus está vendo.

Depois dessas conversas, sempre me sentia melhor, refletia, fiquei mais um tempinho com o padre e mais à tarde fui visitar Dona Rosa.

Cheguei antes do anoitecer, desci do meu cavalo, dona Rosa estava perto do fogão a lenha esquentando milho. Com um abraço, ela disse:

– Guinho, fiquei sabendo que você estava na vila, tudo bem amigo? Preparei seu bolo predileto, que tal, sente-se me conta suas semanas, passaste bem?

Sempre que demorava a vir, era recebido com tamanha satisfação que parecia não passar ali a tempos. Rosa não cobrava, aliás, nunca cobrou, mas sua alegria ao me ver denunciava o que sentia, era a minha segunda mãe. Apesar de negar esse desejo de forma velada, eu sabia, sem contar a falta que fazia seu filho de sangue. E nesta noite, envolvido nesse sentimento, resolvi falar no assunto. A noite vinha lentamente com uma grande lua brilhante no céu, chamei Rosa para conversarmos no banquinho, embaixo do velho pé de manga, igual fazíamos antigamente, abraçados cantando antigas canções, aproveitei uma pausa e iniciei a conversa.

– Dona Rosa, porque não me chama de filho? É apenas uma forma de tratamento, muitas pessoas me chamam assim.

– Guinho, você não merece ter uma mãe que leva a vida feito eu. Há muitos anos não sou mais uma mulher de salão. Graças a um bom homem, consegui comprar a casa e me tornar proprietária, porém não me orgulho desta posição de hoje, nem do passado. Minha vida teve esses caminhos e, apesar de ficar radiante ao vê-lo, chegará a hora em que irá casar e ter uma família, a sociedade obriga. Eu não quero vê-lo envolvido comigo ou com esta casa, antes que sinta vergonha ou que a vida lhe obrigue é melhor seguir, e saiba estarei preparada e, se imaginar que estou te prejudicando no seu futuro, de homem de bem, não me perdoarei. Em função disto, peço-lhe que fique atento às boas oportunidades que a vida lhe oferecer. E permita-se ter um lar, construa uma família e tenha uma vida honesta, simplesmente limpa das amarguras que por ventura tentarem lhe impor.

– Vai ser difícil agradar uma família que não tenha carinho, você esteve presente e foi responsável por momentos

importantes e fundamentais no meu desenvolvimento. Sou o que sou hoje e lhe devo muito do que me tornei, por favor sempre lhe achei muito inflexível nesses assuntos, repense por mim, se eu construir uma família quero que faça parte dela.

– Ah Guilherme! Tem muito ainda que aprender.

– Pode ser, mas por enquanto, o que não sei o amar me ensina.

– Certo meu amigo, quando vivermos estas situações veremos o melhor a fazer.

– Dona Rosa, estou pronto para saber e não julgar, sei que é delicado tratar sobre isto, mas me conte, seja qual for o motivo, o que a levou a abandonar o seu filho e a sua vida na capital?

– Percebo que esta é a hora, vou lhe contar. Eu era casada e tinha um filhinho, nós vivíamos uma vida feliz, meu marido e eu construímos um lar sólido, ou aparentava assim. Meus pais desde o começo aprovaram o relacionamento, eu vinha de uma família bem situada economicamente na sociedade, o pai do meu filho vinha de uma classe social abastada e muito tradicional. Era cercado de aparências, tramas políticas e posição social a zelar. Eu pensava que conseguiria administrar o nosso amor em meio a tantos jogos de interesses, não era uma tarefa fácil, com o passar do tempo descobri que estava me tornando hipócrita diante de um mundo que não me representava, decidi então lutar pelo que acreditava e o meu marido aos poucos me ouvia. Esse foi o momento que comecei a incomodar alguns que se diziam nossos amigos – ela fez uma pequena pausa, pois a história ainda lhe deixava muito chateada – Enfim, nesta rede pérfida, ajeitaram que o meu marido me flagrasse num suposto momento íntimo, com um de seus fiéis colaboradores. Este homem chegou em minha casa numa hora estratégica, eu havia acabado de sair do banho, estava com roupas intimas, não sei como entrou no meu quarto, mas o odioso me jogou na cama e, quando vi o seu rosto, a pessoa que se dizia o nosso melhor amigo, me assombrei. Infelizmente, nesse momento paralisei, fiquei em estado de choque. Quando entra meu marido e se depara com a cena, o argumento do estuprador

fica mais convincente, porque eu estava imóvel. Dizendo ter sido seduzido por mim, o mentiroso agregou falsas provas e depoimentos mentirosos que confirmavam um comportamento promíscuo. Foi tanta mentira e o homem que me amava não acreditou em mim, me abandonou na porta de um prostibulo, em uma vila afastada da capital. Me separou do meu filho, dizendo que ele não merecia a vergonha de ter uma mãe e que eu nunca mais o procurasse. Fragilizada e sem nada, atônita com todo o ocorrido, não tive forças para lutar, aceitei aquela imundice contra mim, e aqui estou.

Depois que Rosa me contou a sua história, ela se calou e nada mais falou, é claro que tentei argumentar se eu poderia fazer algo para amenizar seu sofrimento, quem sabe procurar o seu filho, mas ela foi enfática, não havia o que ser feito e, depois, na sua opinião, o tempo se encarregou de selar o seu passado e isolar o seu futuro. Foi difícil para mim ouvir o sofrimento de alguém, tão importante para mim, sem poder fazer nada. Fui embora deixando-a um pouco mais reflexiva do que de costume e com o meu coração dolorido.

De volta ao presente, imagens vinham em minha cabeça, a construção da igreja, meu quarto de pensão na cidade, o silêncio da noite, então as imagens iam se formando. Sem névoas e bastante nítidas, vi uma grande festa, as pessoas brincavam e dançavam ao som de muita música e comida. Ao longe observei uma moça que me olhava e sorria. Eu estava sozinho, pensei em alegrar minha noite e lhe ofereci um refresco. Ganhei um sorriso e aí iniciamos o relacionamento naquela minha vida.

De volta à regressão, pude visualizar melhor a minha história. O nome da moça na festa era Valquíria, dona de um sorriso encantador, sempre me acalmava nos momentos difíceis, me chamava de paixão. Neste envolvimento experimentei o fato de ser o homem de uma relação. A mim cabia o fato de decidir os próximos passos, ela me deixava à vontade quando se tratava de decisões. Me apoiava nas escolhas, mas a responsabilidade que isto me impôs ficava claro para mim, que não podia ser um moleque, tinha de arcar com as consequências, eu precisava ser forte, uma pessoa madura. Apesar de ainda ser muito jovem, eu acreditava que ela seria a mulher da minha vida. Sentia uma sensação boa ao seu lado, então ficamos noivos.

A minha cabeça estava mais adulta e o casamento e suas implicações já não me assustavam tanto, então iniciei a construção da nossa casa na capital, em um bairro que estava começando a crescer.

Seria simples, se o meu coração não me traísse e, sem medo, se encantasse por uma outra mulher. Em uma noite meu cachorro e eu caminhávamos de volta da construção para a pensão, quando passávamos por uma rua deserta e vi que alguns homens cercavam uma senhora e uma moça. Estavam em quatro, passei a mão em um pedaço de pau que estava no chão e me aproximei dizendo:

– Deixem elas passarem, será melhor para todos.

Um deles respondeu:

– E quem vai impedir?

– Esse pedaço de pau, meu amigo aqui e eu.

Dei para Hércules o comando de atenção, o cão mostrou seus dentes e estava pronto para atacar.

Um dos malandros mostrou uma faca, eles pareciam dispostos a nos encarar:

– Vamos ver quem sai ganhando – falou o rapaz com a faca.

– Quem sairá ganhando eu não sei, mas pelo menos dois de vocês sentirão o peso deste pedaço de pau e as mordidas de um cachorro treinado para isto.

As duas mulheres ficaram paradas, os assaltantes decidiram recuar enquanto eu me aproximava delas. Peguei no braço da moça e pedi que caminhasse, se distanciando do cerco. As duas apertaram o passo e os marginais saíram das nossas vistas, dando risada e dizendo que estávamos com sorte.

Mais adiante, em uma rua mais movimentada, perguntei a elas se estavam bem, olhando para suas roupas e pertences. A mais nova me pegou no ombro, olhou em meus olhos e disse:

– Moço, o que você fez por nós não tem preço, foi uma benção em nossos caminhos.

Quando olhei em seus olhos, o mundo pareceu parar. Sorrimos um para o outro e ficamos assim, sem um movimento. Ela me disse:

– Olá, me chamo Vivian e você qual é o seu nome?

– Ah sim! Sou Guilherme – falei, cumprimentando-a – Esse corajoso é o Hércules.

– Vocês foram muito destemidos, como posso agradecer?

Sem pensar muito, peguei na mão dela e disse:

– Eu lhes acompanho, vamos sair daqui. Aliás, o que duas senhoras distintas faziam naquelas ruas escuras, a esta hora da noite?

– Se eu te contar que estávamos procurando uma costureira que mora nessa região? Tem razão, fomos negligentes, deve achar este o cúmulo da vaidade.

– Não, até que não, gosto de mulheres vaidosas.

Ela sorriu e olhou a minha mão dada a dela, rapidamente retirei a minha e pedi desculpas.

– Acho que o calor do momento me fez ousado.

– Não há porque se desculpar, me senti protegida.

A senhora que a acompanhava raspou a garganta e pediu que seguíssemos. Ao caminharmos vi a casa onde ela morava, era majestosa, uma mansão. Estava quase me despedindo e, depois de pedir que a sua dama de companhia entrasse, ela me perguntou:

– Guilherme, sempre passa por essas redondezas?

– Sim, é meu caminho, porquê?

– Tenho aula de piano todas as tardes, quem sabe...

– Vou lhe acompanhar todos os dias que quiser, a que horas nos encontramos?

Combinamos as horas e, daquele dia em diante, eu a acompanhava até a escola de música e, assim, passamos a nos conhecer melhor.

Contei para Vivian que era noivo, mas omiti a Valquíria o que estava acontecendo. À medida que nos encontrávamos nossos laços se fortaleciam. Apesar de saber que o nosso relacionamento não passaria de amizade, Vivian e eu estávamos cada vez mais próximos, a nossa diferença de classe e o meu outro relacionamento às vezes, simplesmente, pareciam não existirem.

– Guilherme, porque você foi rápido e sincero comigo sobre seu noivado, você tem medo de mim?

– Perto de você falo sem medos, penso que posso enfrentar tudo.

– Você enfrentaria até mesmo a minha família?

– Claro que sim, que mal teria em apresentar um amigo?

– Um amigo! Claro, apenas um amigo – ela comentou, um pouco chateada.

Perto de Vivian me sentia um homem diferente do que com Valquíria, onde era visto com certa superioridade. Com Vivian éramos iguais, conversávamos assim, eu me sentia à vontade para ir mais longe e ela me acompanhava. Decidida, uma mulher firme em suas colocações, não temia em discordar, lutava pelos seus desejos. Fui me fascinando e o meu sentimento se transformando, percebia que o momento em que passávamos juntos eram os mais importantes do dia, eu aguardava desejoso por esses instantes, todas as tardes depois do trabalho, que mudei de horário em função disto.

Levantava mais cedo, cumpria minhas obrigações e a tarde podia acompanhá-la na ida e na volta das aulas de piano. Enquanto aguardava, podia contemplar o som que aprendi a gostar, quando percebi, me peguei adorando aquele instrumento. Fiquei apaixonado e não dava conta disso, até uma outra conversa que tivemos em uma de nossas voltas.

– Guilherme, estou com medo mas preciso lhe dizer.

– Medo? Conte-me estou lhe ouvindo.

– Estou amando você, me envolvi. Sei que pode aparecer egoísmo, sei de suas ambições, mas é inevitável, sonho com um abraço seu e tenho a cruel necessidade de lhe ver todos os dias. Chego tarde em sua vida, talvez não haja mais tempo para nós, mas me diga, me iludo se tiver esperança? Case comigo!

Neste momento tive a impressão de entrar novamente no mundo, toda máscara que inventei foi por terra abaixo. Ao mesmo tempo em que era o que mais desejava ouvir vindo dela, pensei na minha outra realidade. O que sentia por Vivian não se aproximava ao que me prendia a Valquíria, mas existia um compromisso o que, ao meu ver, jamais poderia existir para nós amantes apaixonados, então procurei ser sincero.

– Vivian, o que me disse me tornou um homem feliz, jamais esquecerei esse momento, mas o seu sentimento e o meu não condizem com a realidade, somos de mundos diferentes. Sem mentiras, tenho vontade de ter você, mas não posso. O que tenho a lhe oferecer, o que direi para os seus pais? Nos amamos e pronto, tudo resolvido? Somos diferentes e iguais ao mesmo tempo. Não quero lhe ver sofrer na vida, talvez neste instante te magoe, mas é muito diferente a carga de um casamento que se inicia falido.

– Pare. Venha comigo, cresça comigo, não vamos ficar para traz, não é esta a visão. Pense no que podemos construir. Minha família nos apoiará se notarem que seus sentimentos são verdadeiros. Conquiste-os igual fez comigo. Venha, não me abandone, podemos e temos o direito de construir nossa história.

– De que jeito ser feliz, depender dos seus pais? Ter uma ajudinha de sua família. É difícil para mim, em que base teremos alicerce? Discordo de você, desejo ir contigo, mas a verdade me impôs outro caminho, sinto muito.

Neste momento ela se aproximou e me beijou, correspondi com o desejo de não esquecer. Depois deste instante fui me afastando.

– Terá coragem de abandonar este sentimento sem lutar por ele? – ela perguntou – Guilherme isto é covardia. Nego me lembrar de nós dois assim – uma lágrima rolou dos seus olhos.

Antes de vê-la chorando fui embora, com uma dor indescritível. Fui do céu à terra em segundos, agora eu estava só, carregando comigo o mundo de um homem que ama. Pensei em estar sendo machista, mas a conta não fechava, éramos de realidade opostas e provavelmente ela sofreria e eu sofreria por consequência. Seria simples assim, se conseguisse esquecê-la, porém o tormento de não a ver se abatia a mim. Deixei transparecer à minha noiva, até que um dia tive de lhe contar o que acontecera.

A reação de Valquíria foi o silêncio, não ouvi uma palavra sequer enquanto relatava o que estava acontecendo, mas eu sabia que havia magoado ela profundamente e isto me fez mal. Ela e eu nunca tínhamos feito sexo, mas o tempo que ficamos noivos se tornara um compromisso sério e deixá-la traria consequências ruins para uma moça daquela época. No dia seguinte ela, em um esforço, tentou me tratar como se nada tivesse acontecendo. Mais calado, deixei o tempo acalmar as feridas.

Financeiramente estabilizando, era procurado para construções junto com engenheiros, com o dinheiro que ganhava podia sustentar a minha família de forma simples e digna. Adorava meu trabalho, me fazia esquecer o atormentado sentimento que vivia.

Em um final de semana resolvi passar na casa de mamãe, que adorava Valquíria. Para ela só existia a hipótese do nosso casamento, nunca lhe contei o que acontecera ou falei dos meus sentimentos. Antes de voltar para a capital passei na casa de dona Rosa. Cheguei como sempre, pela porta dos fundos, desci do meu cavalo e, em seguida, pedi que a chamassem. Rosa chegou, sentamos na cozinha e eu não consegui disfarçar a tristeza.

– O que houve Guilherme, quem diria que aquele menino franzino que contava seus causos, se tornara este homem esguio e forte. Mas a expressão é a mesma de que algo está fora de ordem, seu olhar denuncia certa tristeza, abra seu coração para esta velha amiga, o que aconteceu?

– Estou amando outra mulher, mas continuo meu noivado.

– Pense no que falou, isto é justo com você e com as envolvidas?

– Estou sem opção, a realidade é bastante clara, tenho um compromisso a assumir.

– Está sendo muito cruel consigo mesmo, você não está amando. Porque esconder este sentimento? Nunca me falou estar sentindo algo tão sublime. O que te impede?

– Estou sofrendo, mas vai passar, não quero entrar em detalhes.

– O que posso lhe dizer, o amor vem de Deus, quando sentimos não devemos ignorá-lo. É um caminho com o divino que se abre, amar é estar com Deus na plenitude do que ele deseja para nós. Se encontrou o seu par para viver, construir e ser feliz, o que pode ser mais urgente do que viver este sentimento? Deixe em outro patamar tamanha exatidão, sinta apenas, permita-se sair fora das regras de vez em quando, faça com que o sentimento fale mais alto e todo o resto se ajeitará, se acomodará no seu devido lugar. Tenho respeito pelo que sente por Valquíria, mas você parece estar entregue a outra mulher. Veja o que mais pesa na balança, qual realmente você ama. Se você se negar para uma delas, aí sim será justo abandonar e ser honesto. Já imaginou casar-se entrando num relacionamento que não existe entrega? Você tem a resposta, quem é a sua amada?

Eu sabia claramente quem amava, mas não emiti uma palavra.

De volta ao presente, Vivian comentou, após ouvir relatos meus relatos:

– Guilherme, nos encontramos e você vai me deixar ir? Agora quero saber o desfecho.

Passou-se algum tempo e me vi naquela rua em que conheci Vivian, eu caminhava com Hércules vindo do meu trabalho. Em minha direção vinha um homem e uma mulher, de longe percebi que era Vivian, eles estavam de mãos dadas. Ao me ver ela parou, o acompanhante, sem entender, ficou olhando e perguntou a ela o que acontecera. Eu parei em frente a Vivian que me cumprimentou, respondi e segui a diante.

– Espera Guilherme, a quanto tempo?

Olhei para seu acompanhante e respondi:

– Será que faz tanto tempo assim?

– Sete meses e alguns dias.

– Que memória boa, pensei que já havia esquecido.

Ela olhou para o rapaz que o acompanhava e nesse momento, ele se pronunciou.

– Do que se trata Vivian, quem é esse homem? – Ele me fitou de cima abaixo.

– Alguém que foi especial em minha vida, vamos. Até em breve Guilherme – E ela seguiu com seu parceiro.

Atravessei a rua e Hércules, que recebia o carinho dela enquanto a cena acontecia, queria ficar, tive que chamá-lo para seguirmos do lado oposto. Mais uma peça do destino acontecia comigo. Caminhei por horas calado.

Com tudo o que acontecia e, com a data do meu casamento marcada, decidi resolver uma velha questão que me intrigava, encontrar o filho de dona Rosa. Com os dados que possuía, achei o filho dela em sua própria casa, casado e pai de família. Ele me recebeu quando me apresentei como um antigo conhecido de seus pais. Desconfiado, o homem de posição demorou a me dar ouvidos, seu pai havia contado que sua mãe fugiu em um momento de loucura e nunca mais foi vista, apesar do esforço do pai. Quando entrei no assunto de que sabia o seu paradeiro, o homem se transformou.

Tive de ser cauteloso, mas com desprendimento e, sem receio de constrangimento, contei toda a história. Passei segurança de que sabia do caráter de quem estava falando, ele ouviu quieto, soltou lágrimas, limpas por um lenço branco que carregava no bolso.

– Como posso ter garantia de que tudo que me contou é verdade?

– É simples, é só procurá-la, deixo o endereço ou, se desejar, eu mesmo o levo até lá. Talvez o que estou fazendo abale a minha amizade de anos com sua mãe, por isso lhe digo, se for para feri-la, não se aproxime e esqueça tudo o que ouviu ou vai acertar a contas comigo.

Fui rude, mas era preciso, não conseguia decifrar atrás de sua atitude seca e suas palavras sem emoção.

– Mas afinal, quem é você? – Ele perguntou.

– Eu sou um homem que hoje tem trabalho digno, luto para me estabelecer na vida, me casar e constituir uma família, te garanto, nada veio fácil, mas se me transformei na pessoa que

sou, devo muito a sua mãe. Era um menino franzino, com pai e mãe humildes, sem condições de me colocarem na escola, uma vez que naquela redondeza isolada não havia nenhuma. Dona Rosa me ensinou a ler e escrever, me trouxe o conhecimento e carinho de uma mãe dedicada. Eu não era seu filhinho e tão pouco ela tinha a obrigação de se preocupar comigo, mas ela me ensinava a ser gente. A vida é irônica, você pode pensar, mas ela me educou de tal forma que jamais desrespeitei uma mulher, seja qual fosse a sua condição. Aprendi a ser homem antes de ser macho. Seus valores foram muito adiante do lugar que ela vivia, sua classe e consciência de respeito ao ser humano me comovem. Eu ficava fascinado quando ela me orientava de forma serena nos problemas de vida mais severos, que antes das suas bondosas palavras pareciam ser intransponíveis. Até hoje ela é assim, desconfio que ela reprovaria minha atitude, não sei o que me aguarda, mas tinha que arriscar, ela me fez prometer que nunca te procuraria, quebrei minha promessa e tenho que assumir os meus atos. Nos pensamentos dela, seu filho jamais merecia ter uma mãe com a vida que ela levou e eu te digo, apesar dela nunca ter me chamado assim, das coisas que eu quis em minha vida era ouvi-la me chamar de filho. Iluminada, esta é a palavra que define sua mãe, ela será a diferença na sua vida. Não sei se é o caso, mas perdoe, sem julgamentos precipitados, ouça o que ela tem a dizer e verá a pessoa maravilhosa que Deus lhe deu como mãe. Bom, aqui está o endereço – entreguei a ele um papel – se for para o bem, a procure, caso contrário esqueça que estive aqui.

Fui embora com a alma mais leve, agora estava meio apreensivo, mas certo e sem arrependimento do que tinha feito. Agora era rezar e esperar que algo de bom tocasse o coração dele. Ele parecia tão impregnado naquele mundo de riqueza que foi difícil olhar e perceber o filho que dona Rosa amava. Ele tinha um nome a zelar, posição social, tudo o que ela imaginou e me preparava a seu respeito. Sem expectativas, continuei minha jornada, porque as minhas experiências ultimamente tinham me decepcionado. O ar de soberba que recebi do companheiro de Vivian e daquele homem, que a pouco deixei, salientou o meu pé atrás em relação ao dinheiro. Certas pessoas se transformam em seres que acreditam ser superiores por possuí-lo. Em compensação, Vivian e dona Rosa possuem o sentimento de igualdade, o mesmo olhar sobre todas as coisas, olham com sinceridade, com a honestidade que vem da alma.

O casamento estava marcado para o próximo ano, era noite e eu estava em casa. Vivian, depois de meses, bateu à minha porta. Nos olhamos e, sem mencionar uma palavra, nos abraçamos, seu sentimento era de tristeza e desejo. Naquela noite nos amamos e, a cada toque seu, meu corpo respondia sem ofensas. Me permitia sentir como nunca antes tinha desejado. Com o cuidado de ter algo delicado em minhas mãos, com muito carinho, possuindo o que de fato me pertencia, sua resposta suave me convidava a ir com ela para outros caminhos, aquele que nos transformava em seres divinos, o que até então se tratava na esfera dos humanos.

Com infinito desejo, sem deixar romper o laço que nos uniu naqueles supremos instantes, deixamo-nos levar ao mundo dos que amam. De onde percebíamos que devíamos simplesmente ficar. Com certa tristeza, por saber que aqueles momentos poderiam ser os únicos de nossas vidas, escorreram lágrimas junto o prazer alcançado. Ao som dos nossos corpos e cada vez mais envolvidos, até abandonar o que nos afastava, juntos lembraríamos o que aconteceria após esta união, saberíamos que pertencíamos um ao outro feito um só. Partes opostas que, sem explicações, se complementavam. Posso dizer que esta foi a minha primeira vez, apesar de ter conhecido outras antes.

Inundado de paixão, deixei sair dos meus braços a mulher que amava. A dor foi sem igual, feriu um pedaço de mim que até então eu desconhecia. Doía a alma, agora eu podia saber das frases, àquelas que não seriam proferidas, elas se acomodaram neste lugar em mim. Completo poderia andar de hoje em diante, porém, sozinho, minha vida se partiu da mesma forma que chegou, sem palavras.

Alguns meses se passaram depois desta noite. Próximo ao dia do meu casamento procurei por ela, disposto a abandonar o compromisso que me prendia, ir adiante e encarar o que tentasse corromper o meu destino.

Em um dia de sol, próximo ao portão da casa de Vivian, vi o mesmo homem que a acompanhava em momento passado. Ele, sem cerimônia, acariciou o seu ventre e, diante dos meus olhos, vi a sua barriga de gravidez. Chocado, na presença de um futuro papai, presenciando um momento de amor, vi o meu desejo ir. Atordoado com o susto, me virei rápido, porque a energia do que senti foi forte o bastante que, pela distância, ela poderia me ver. Caminhei para longe, embriagado de desgosto, segui o meu caminho.

De volta à época presente, Vivian estarrecida perguntou:

– Guilherme, você me abandonou naquele dia? Passou pela cabeça que aquele filho poderia ser seu?

– Descrevia a emoção do momento, fiquei muito decepcionado ao saber que outro também compartilhava de instantes divinos, iguais aos nossos, a ponto de conceber um filho. Enciumado e sem você ao meu lado, deixei-me levar por pensamentos de que eu não poderia envolver-me em sua história, nesta vida não te vi mais.

– Você foi cruel, depois do que me descreveu sobre nossa noite, imaginar que o filho seria de outro. Abandonar assim quem se ama. Me trocou por outra por ciúmes?

– O filho era meu.

– Claro que sim, meu amado. Percebi em você toda a dor que sentiu, mas é de pensar o que você fez com a gente. Quando cheguei em sua casa, estava disposta a tudo. Se quisesse um gesto seu eu ficava em seus braços, mas você me deixou partir. Queria te fazer enxergar, através do momento, que os nossos caminhos eram o mesmo, ou seja, um só, desejei ter um filho seu e foi o que fiz.

No tempo passado, o filho de Rosa veio me procurar, pediu que eu o levasse até a casa de sua mãe. Radiante de alegria, me aprontei depressa e saímos. Durante o caminho perguntei o que o levou a ter tal decisão, em segundos passou pela minha cabeça algo sombrio, mas fui acalmado pela voz dele, a emoção parecia ser a resposta que queria ouvir, finalmente o pranto daquela mãe teve acalanto.

Um pouco inseguro, eu tinha receio se estava ou não tendo uma atitude que dona Rosa aprovaria. Poderia constrangê-la ou, quem sabe, magoá-la por me envolver de forma invasiva em sua vida, mas meu coração falou alto, eu não imaginava outra coisa a se fazer a não ser ter esta atitude.

Ao chegarmos pelas portas que eu sempre entrava, fomos recebidos e aguardamos por ela. Perguntei a ele se poderia sair ou se queria que eu o apresentasse, ele me pediu para que ficassem a sós. Quando Rosa chegou, eu saí e ela me olhou com olhos de quem pressentia algo no ar.

– Guilherme, onde vai?

Respondi:

– Espere – estendi a mão para o seu filho, saí de costas sem tirar os olhos de ambos.

Debaixo da árvore onde aprendi minhas primeiras palavras, aguardei, orando pelo entendimento de mãe e filho. Após algum tempo ele me chamou, saiu de casa e trocamos de lugar. Desde a porta vejo dona Rosa de cabeça baixa e rosto cheio de lágrimas.

– Dona Rosa me perdoe – de joelhos, segurei em suas mãos. Tive coragem e a chamei de mãe – Mãe, o que está sentindo, o que ele lhe fez de mal?

– Querido, vocês não merecem, estou envergonhada.

Ela tocava em suas roupas diminuindo-a e chorou. Talvez eu tivesse a ferido de maneira sem igual. Com receio nas palavras, pedi novamente o seu perdão.

Suavemente, ela me olhou lacrimejando, passou a mão em minha face e acariciando disse:

– Não há do que te culpar, filho.

Me acolheu em seus braços e ali ficamos, até que chorássemos tudo o que desejamos.

Alguns dias se passaram e eu compreendi que, naquele momento, seria muito pedir outra atitude vinda de uma pessoa feito ela. A sombra de ter feito o errado foi se afastando e o sorriso de Rosa voltou. O seu filho a levou daquele lugar e ela foi morar com ele na capital. Imagino que, em sua cabeça, foi difícil encarar tudo e todos, mas ela era uma pessoa sábia e seu filho teve uma atitude digna, conquistou meu respeito.

Sempre nos encontrávamos, nossas conversas continuavam a nos fortalecer, ela passou por sofrimentos, mas foi calando a hostilidade com que lhe afrontavam, sua finesa de procedimentos superava quaisquer que fossem as barreiras impostas por sua nova condição de vida. Eu a enxergava agora completa, antes algo estava fora do contexto, delicada e guerreira, mulher de fibra, prevaleceu no fim de sua história e sua força.

Padre Zito, contente com sua igreja pequena e acolhedora, me recebeu e ali lembramos dos velhos tempos.

– Padre, vim me confessar. Estive pensando, o senhor não se cansa de ouvir tantas coisas erradas das pessoas e, mesmo assim, os perdoa e finge que não sabe de suas verdades? Abandona seus defeitos ao esquecimento, elas evoluem porque o senhor as orienta, sabendo onde estão suas falhas, mas mesmo assim, não fica nos pensamentos suas faltas? Eu tenho um defeito, um pecado quem sabe, dificilmente esqueço o que me fazem de ruim.

– Sabe Guilherme, o perdão é supremo, para nós mortais é difícil mesmo, o melhor a se fazer é esquecer, ao invés de nutrir o ódio, alimentando o que faz mal. Porque aquele que odeia também se destrói. O que vem de dentro se corrói aos poucos, o transforma, o afastando do que realmente ele é, então fica diferente quem recebeu e quem proferiu o mal. Se lhe fazem mal e persistem no erro, não se envenene, afasta-o e deixe para traz

o que lhe fere. Mas, se houve um engano, há arrependimento, perdoe, coloque uma basta e siga adiante, prospere.

– Obrigado por me orientar, estava em conflito, não esqueço o que me fala. Sua benção padre Zito. Outra coisa, lembra das hóstias que me servia na sacristia daquela antiga capela?

– Se lembro. Guinho, as suas perguntas sempre pertinentes. Tive algumas faltas contigo, me perdoe, a vida vai nos ensinando a ser sábio e a oração fortalece este acontecimento. Eu tinha fiéis e sinto que lhe faltei alguma vez, portanto me perdoa.

– Acho que sei do que está falando, de uma velha surra que levei, que talvez pudesse ter sido evitada. Padre, esqueci o que mesmo estávamos falando. Quem sou eu para não perdoar um padre? Está perdoado.

Demos um aperto de mão e acabamos rindo de nossas lembranças.

– Obrigado, tenho orgulho de você. Aquele menino pequenininho, preocupado porque não ia para escola, querendo aprender a ler e escrever, hoje é um homem bom, que ajudou a erguer está igreja, parabéns Guilherme.

No presente Vivian me perguntou sobre meus pais do passado.

– Meu pai abandonou minha mãe quando eu ainda era criança, ela se esforçava para trazer pão para dentro de casa e, assim, levávamos a vida. E trabalhando fomos vencendo, ela foi morar comigo, mesmo depois de casado.

– E como ela era?

– Pouco conversávamos, mas a sua dedicação em criar um filho me espantava, o esforço que fazia para que nada me faltasse me confortava, igual uma grande conversa ou um conselho necessário. Sua simplicidade me comovia. Quantas vezes a encontrei desprotegida, frente aos problemas impostos pela vida e, feito uma leoa, colocava-se a frente para me defender. Soltou-me cedo de casa para que eu encarasse o mundo com o meu próprio olhar, ela precisava criar um homem e não sabia por onde começar, talvez sua escolha foi dura para mim naqueles dias, mas ela fez o que poderia ser feito. Apesar de termos muitos momentos de distanciamento, sempre me senti amado e com uma certa culpa de ser o motivo de suas dores, uma vez que não se poupava em me ajudar. Sempre a tive na lutadora figura de mãe, defeitos e aprendizado, não queria cobrá-la por algo que talvez ela nunca tenha recebido. Precisava de mais talvez, mas tenho a certeza que, dentro de suas forças, ela fez o seu melhor e fui grato a ela pela luz e por todos os ensinamentos que sua imensa generosidade me doou.

Vivian apenas concordou, então continuei.

– Meu pai era orgulhoso de ter um filho, sentia certa dificuldade em nos sustentar, envergonhado fugia de seus problemas delegando-os e minha mãe, sem diálogos, achando sempre que o sustento era o maior dever, pecava nas orientações. Tive que me resolver, para me tornar homem não tive em quem me espelhar. Senti falta da escola, que ele não se preocupava, meu sonho era ter um boletim e este assinado por ele. Mas Deus, o que esperar de um homem que também se criou feito um bicho, desenganado, levando lambadas da vida? O que eu esperava era que, no seu íntimo, ele sentisse, apenas sentisse de alguma forma a necessidade que tive de um pai preocupado com seu filho. Eu era garoto quando nos abandonou e, infelizmente, a lembrança mais forte que deixou foi uma surra que levei, a qual o motivo cabia a ele me ensinar. Hoje sei que ficou pelo mundo arrependido dos seus tratos e, igual disse padre Zito: "perdoa filho, para que isto não te adoeça". Então o que digo, talvez ele nunca entenda o que fez, mas eu o perdoei, agradeci por me trazer ao mundo. Eu acredito que, pelo menos, ele tentou. Aprendi o que precisava com a vida, vários erros cometi e entendo ele melhor, amadurecido pelo sofrimento. O meu eu passado, se pegava em muitas semelhanças e traços de onde veio e é assim que me recordava do meu pai.

Me dirigindo a Vivian, comentei:

– Frente ao o que lhe contei, o que senti, sobre nossa outra vida, respondo à pergunta que me fazia. Não aguentei te esperar, tive que a todo o momento, desde que a conheci, te buscar abstraído no que o meu coração dizia. Aguardei e respeitei os momentos com a certeza de que te pertencia, cada dia te esperava e me acalmava no meu sentimento. Atordoado das batalhas diárias, prossegui predestinado, um dia estaríamos juntos. Poderia ser dolorido, mas o sentimento não me machucava, me abrandava e ternamente, esperei o que foi preciso. Vinha a insegurança de não ser correspondido, péssimos momentos em que as trevas ocultavam o meu olhar, mas eu não deixei de existir, logo o meu sentimento, em igual intensidade, também não. Te procurei nos olhares, em passagens da vida, em obras de arte. A lembrança de sua música trazia imagens perfeitas do que fomos e poderíamos vir a ser. Os textos mais belos me traziam você, mergulhei na leitura e no meu trabalho, aliviavam o meu sentir. Adoecido mentalmente, atravessei novamente a escuridão, mas seguia adiante, sem medo de enfrentar as fraquezas quando tudo parecia sair debaixo dos meus pés. Era a sua lembrança que vinha e, então, pouco me importava os muros altos de ódio. Deus comigo, venci a doença e eu aprendi a viver com você.

EPÍLOGO

No futuro, ano: 2115

Desci correndo as escadarias, meus livros e escritos nos braços. Sem organização, atrapalhado, saí na calçada em frente à casa em que moro, fechei o portão às pressas. Me virei com velocidade e, sem perceber, esbarrei em uma moça, um dos embrulhos que ela carregava foi ao chão. Me curvei para pegá-los e, quando repousei meus olhos em quem havia esbarrado, tive a sensação de ter tido aquela visão antes. Uma linda moça de cabelos negros e olhos castanhos.

Perguntei antes de entregar o embrulho.

– Eu conheço você? Já nos vimos antes?

Ficamos nos olhando, em minha cabeça uma história, eu a vi na minha imaginação em vários outros momentos, épocas diferentes. Seus olhos castanhos diziam, estou aqui. Percebi um traço de saudades e prisões, não sei o que lhe afligia. Olhei com a verdade de quem ama, fiquei entregue, quis dizer para ela vir comigo, mas fiquei em silêncio. A impressão que tive é que podia esperar, mesmo não sendo o meu desejo. Sem conseguir decifrar sua alma, apenas senti, foi imaturo talvez. Entreguei o pacote e ia seguir adiante, mesmo não sendo esse o meu desejo. Quando ela, com apenas uma frase, me fez esperar.

– Talvez nos conhecemos.

– Acho que até demais.

– O que disse? Me soou conhecido.

FIM

SOBRE O LIVRO
Tiragem: 1000
Formato: 14 x 21 cm
Mancha: 12,3 x 19,3 cm
Tipografia: Times New Roman 11,5 | 12 | 16 | 18 pt
Arial 6,5 | 8 | 9 pt
Papel: Pólen 80 g/m² (miolo)
Royal Supremo 250 g/m² (capa)